C#-Tutorial

Programmieren lernen mit der Programmiersprache C#

Kevin Scholze

Bibliografische Information der Deutschen Nationalbibliothek:
Die Deutsche Nationalbibliothek verzeichnet diese Publikation in der Deutschen Nationalbibliografie;
detaillierte bibliografische Daten sind im Internet über http://dnb.dnb.de abrufbar.

Herstellung und Verlag: BoD – Books on Demand, Norderstedt

ISBN: 978-3-7557-9458-5

Inhaltsverzeichnis

1 Einführung

Herzlich Willkommen!

In diesem Tutorial lernst du die Grundlagen der Programmiersprache C# und wie du mit Visual Studio eigene Programme entwickeln kannst.

1.1 Warum programmieren lernen?

Sehr viele Gründe sprechen dafür, programmieren zu lernen.

Schon die zunehmende Digitalisierung im Arbeitsleben spricht dafür, sich näher mit dem Thema zu beschäftigen, wie ein Computerprogramm erstellt wird. Mittlerweile ist die Bandbreite an Möglichkeiten, als Programmierer tätig zu werden, riesig. Ob nun ansprechende Desktopprogramme, mobile Apps, die Spieleentwicklung, selbstfahrende Autos, Roboter, komplexe (eingebettete) Betriebssysteme oder auch nur der Taschenrechner; in nahezu allen Lebensbereichen spielen Computersysteme und -Programme eine wichtige Rolle. Dementsprechend wird der Bedarf an Programmierern auf dem Arbeitsmarkt auch in Zukunft hoch bleiben.

Als Programmierer hast du wie in kaum einem anderen Beruf die Möglichkeit, mit so gut wie keinem Startkapital, dich selbständig zu machen. Eigentlich benötigst du nur deinen Computer und die nötige Zeit. Und natürlich auch eine kreative Idee, Durchhaltevermögen, Frustrationstoleranz, etc... Im Gegensatz zu – beispielsweise einem selbständigen Pizzabäcker – brauchst du dir aber um die Miete für Geschäftsräume, Wareneinkäufe, Mitarbeiter und sonstige Fixkosten keine Sorgen zu machen. Eine eigene App könntest du beispielsweise auch nebenberuflich entwickeln.

Programmieren ist eine abwechslungsreiche, kreative Tätigkeit, die dich immer fit im Kopf hält. Als Programmierer musst du Probleme lösen und dabei auch verschiedene Wege ausprobieren, um zum gewünschten Ergebnis zu kommen. Und oft stellst du auch einmal mittendrin fest, dass eine andere Lösung vielleicht besser wäre. Dabei entwickelst du immer etwas Eigenes. Dein Projekt, dein Programm, deine Lösung.

Abgesehen davon bringst du einem Computer bei, genau das zu tun, was du willst! Und das ist schon für sich genommen ziemlich cool...

1.2 Warum C#?

C# ist eine Allzweck-Programmiersprache, die sich für viele verschiedene Anwendungsgebiete, vor allem Desktopanwendungen und Webanwendungen, eignet. Auch in der Spieleentwicklung hat C# eine große Bedeutung, zum Beispiel als Programmiersprache für die Spieleentwicklungssoftware Unity.

C# ist eine von Microsoft entwickelte Programmiersprache und kommt deshalb überwiegend in der Windows-Umgebung zum Einsatz, ist aber für den Einsatz in verschiedenen Plattformen entwickelt worden. Mit C# entwickelte Programme können also auch in Apple- oder Linux-Systemen eingesetzt werden.

C# ist eine objektorientierte Programmiersprache. Der Einstieg in weitere objektorientierte Programmiersprachen wie beispielsweise Java fällt deutlich leichter, wenn man die Grundlagen in C# beherrscht.

1.3 Warum dieses Buch?

Um in C# programmieren zu können, wirst du in diesem Tutorial die Grundlagen der Programmiersprache Schritt für Schritt lernen und dein Wissen mit jeder Lektion weiter aufbauen. Das Tutorial ist so gegliedert, dass die einzelnen Abschnitte aufeinander aufbauen und es dir ermöglichen werden, immer komplexere Problemlösungen zu bewältigen. In verschiedenen Programmieraufgaben wirst du dein Wissen an konkreten Beispielen anwenden können, indem du eigene Programme erstellst und Probleme selbständig lösen wirst. Dabei fangen wir bei Null an, sodass du keinerlei Vorkenntnisse brauchst.

Und warum „Tutorial"?

Ich habe in diesem Buch die Inhalte auf das – meiner Meinung nach – absolut Wesentliche konzentriert. Du wirst also nicht mit theoretischem Hintergrundwissen „erschlagen", sondern lernst Programmieren nah an der Funktionsweise des Codes. Ich nenne dieses Buch deshalb auch Tutorial...

Und jetzt kann es endlich losgehen. Bei der Arbeit mit diesem Tutorial wünsche ich dir viel Erfolg und natürlich auch viel Spaß beim Programmieren!

1.4 Entwicklungsumgebung installieren

Für das Programmieren in C# empfehle ich die Entwicklungsumgebung Visual Studio.

Visual Studio ist in der Anwendung relativ einfach gehalten und übersichtlich gestaltet, obwohl sie sehr weit entwickelt und mit Visual Studio vieles möglich ist. Schon bei Installation werden wir feststellen, was sich mit Visual Studio alles machen lässt.

Visual Studio finden wir einfach auf der entsprechenden Webseite von Microsoft, wenn wir bei der Suchmaschine unseres Vertrauens den Begriff „Visual Studio" eingeben oder folgenden Link verwenden: https://visualstudio.microsoft.com/de/

Hier stehen uns mehrere Arten der Entwicklungsumgebung, je nach Betriebssystem, zur Verfügung. Die kostenlose Community-Version erreichen wir unter dem Menü „Visual Studio herunterladen".

Die heruntergeladene Datei führen wir nach dem Download aus.

Bei der Installation werden wir gefragt, welche Workloads wir mitinstallieren wollen. Workloads sind die Komponenten, die wir mitinstallieren können, um Visual Studio für bestimmte Anwendungsbereiche nutzen oder spezialisieren zu können. Die Auswahlmöglichkeiten sind hier sehr umfangreich. Für den Anfang reicht es aber völlig aus, ein Häkchen für die „.NET-Desktopentwicklung" zu setzen.

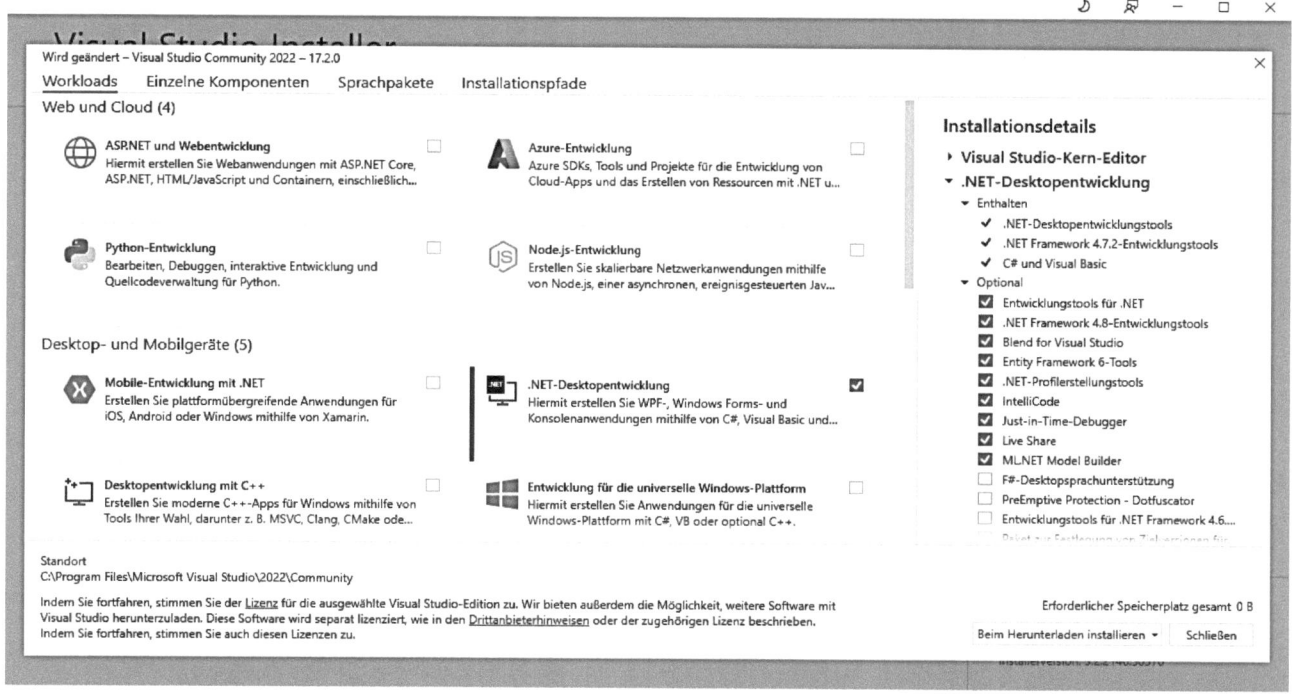

Alles Weitere (v. a. Installationspfade setzen) erklärt sich hier von selbst. Die Installation ist relativ einfach und kann grundsätzlich mit den Standardeinstellungen fortgesetzt werden.

Wenn das Programm fertig installiert ist, können wir Visual Studio starten. Beim ersten Programmstart wird grundsätzlich nach dem Microsoft-Konto gefragt. Wenn wir ein Microsoft-Konto haben, können wir uns gleich damit anmelden, ansonsten klicken wir einfach auf „Jetzt nicht, vielleicht später".

Beim ersten Programmstart werden wir ebenfalls gefragt, welches Farbschema wir wählen. Die Einstellungen sollten wir bei „Allgemein" belassen. Das Farbschema können wir beliebig ändern.

Nachdem wir das Programm starten, öffnet sich das Startfenster von Visual Studio. Wir klicken auf den Button: „Neues Projekt erstellen".

Im nächsten Fenster wählen wir die Option „Konsolen-App (.NET Framework) (bei Linux- oder Apple-Nutzern ohne .NET-Framework)" und klicken auf „Weiter".

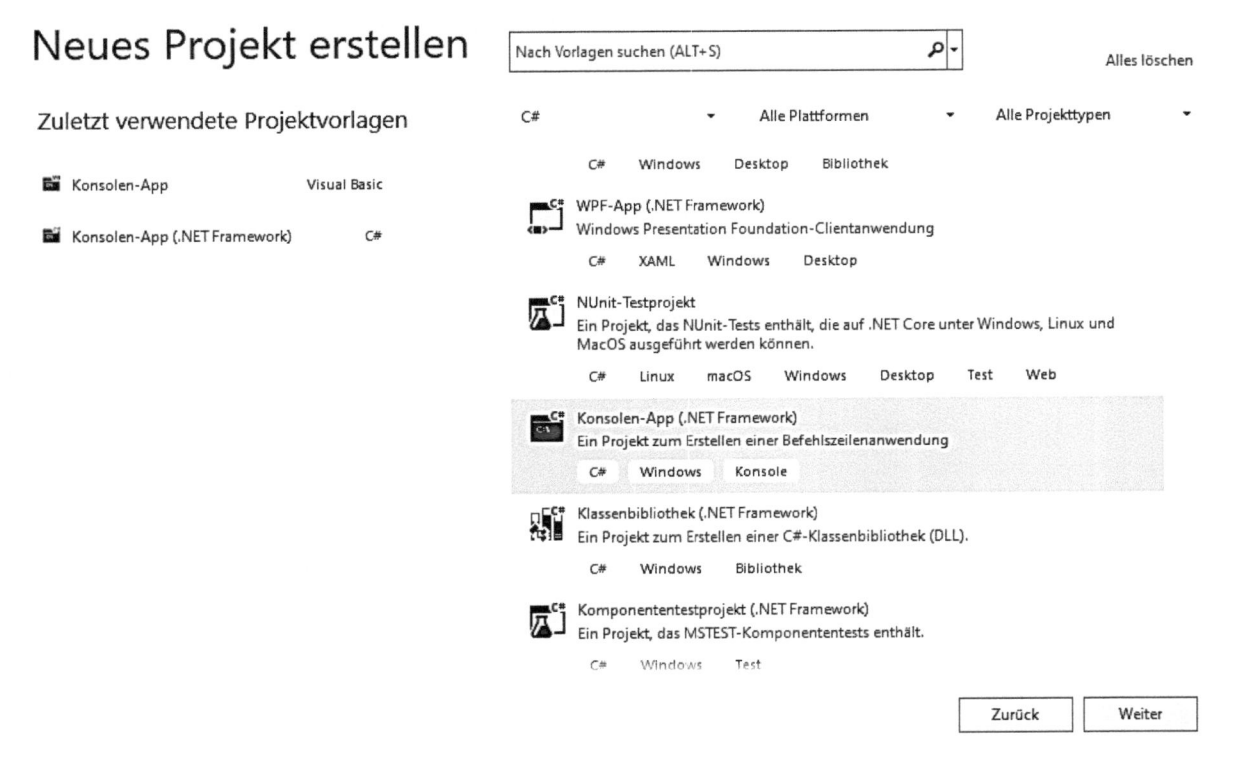

Das Projekt können wir beispielsweise „C-Sharp_Tutorial" nennen. Wir bestimmen das von uns gewünschte Speicherverzeichnis und erstellen unser Projekt mit Klick auf den „Erstellen"-Button.

— ☐ ✕

Neues Projekt konfigurieren

Konsolen-App (.NET Framework)   C#   Windows   Konsole

Projektname

> C-Sharp_Tutorial

Ort

> C:\C#-Projekte   ▼   ...

Name der Projektmappe ⓘ

> C-Sharp_Tutorial

☐ Platzieren Sie die Projektmappe und das Projekt im selben Verzeichnis.

Framework

> .NET Framework 4.7.2   ▼

Zurück   Erstellen

1.5 Der erste Code

Nachdem wir unser Projekt erstellt haben, öffnet sich die Benutzeroberfläche von Visual Studio. Diese sieht grundsätzlich wie folgt aus:

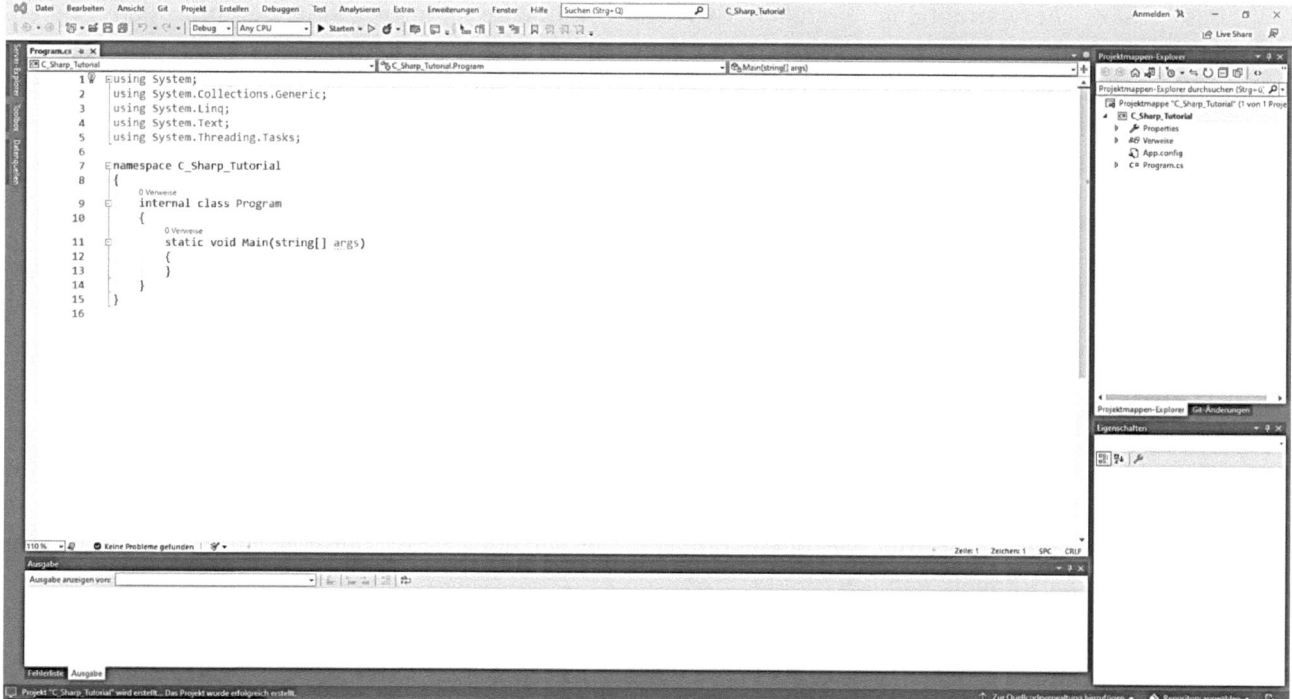

Die Benutzeroberfläche ist in mehrere Bereiche unterteilt:

Der wichtigste Bereich ist natürlich der Code-Editor, in den wir unseren Quellcode schreiben, mit Reitern für Projekt, Modul und Prozedur, mit denen wir im Quellcode einen anderen Bereich anvisieren können.

Rechts daneben befinden sich das Eigenschaften-Fester und darüber der Projektmappen-Explorer, der die Bestandteile unseres Projekts anzeigt.

Unter dem Code-Bereich befindet sich das Ausgabe-Fenster, welches vor allem bei der Fehlersuche durch Einzelschritte, also beim Debuggen wichtig sein kann.

In der Menüleiste sind vor allem die Buttons für „Programm Speichern", „Alles Speichern" und natürlich „Starten" (Symbol mit grünem Pfeil) wichtig. Fenster für die Benutzeroberfläche hinzufügen und entfernen können wir auch unter dem Menüpunkt „Ansicht".

Ansonsten lernt man die Entwicklungsumgebung meiner Meinung nach am besten in der Praxis nach und nach kennen.

Bei der Projektanlegung wurden schon ein paar Zeilen Code erstellt. Die obersten Zeilen Code sind Importanweisungen, darunter der „namespace" mit der Bezeichnung unseres Projekts. Darin befindet sich unsere Klasse „Program", in der sich wiederum die „static void Main" mit dem Klammerinhalt „string[] args" befindet. Wichtig für uns ist schon an dieser Stelle zu erkennen, dass wir hier bestimmte Geltungsbereiche haben, die jeweils durch geschweifte Klammern gekennzeichnet sind. Unser Programm wird innerhalb des Geltungsbereichs der static void Main gestartet. Wir können diesen Geltungsbereich durch die ENTER-Taste schon einmal vergrößern und etwas mehr „Platz" für unseren Code schaffen (leere Zeilen stören hier übrigens nicht, sondern werden einfach übergangen).

Als kleine Aufwärmübung erstellen wir eine einfache Konsolenausgabe mit dem Befehl „Console.WriteLine()". Anschließend schreiben wir in die runden Klammern das hinein, was ausgegeben werden soll. Das kann beispielsweise eine einfache Zahl oder ein Text sein. Wenn wir einen Text ausgeben wollen, muss dieser in Anführungszeichen gesetzt werden. Jede Codezeile wird mit einem Semikolon beendet. Das Ganze sieht dann so aus:

```
static void Main(string[] args)
{
        Console.WriteLine("Willkommen im C#-Kurs!");
}
```

Wir speichern das Programm und führen es in der Konsole aus.

Das Programm wurde zwar ausgeführt, gesehen haben wir aber nichts, bis auf das Kommandozeilenfenster, das sich kurz geöffnet und anschließend gleich wieder geschlossen hat. Um das Kommandozeilenfenster beizubehalten, müssen wir noch eine Codezeile an das Ende unseres Quellcodes hinzufügen, nämlich:

```
static void Main(string[] args)
{
```

```
        Console.WriteLine("Willkommen im C#-Kurs!");
        Console.ReadKey();
}
```

Wenn wir unser Programm jetzt noch einmal ausführen, bleibt das Kommandozeilenfenster, bis wir das Programm selbst durch einen Tastendruck beenden.

Wir können prinzipiell so viele Ausgabeanweisungen programmieren und ausführen lassen, wie wir möchten. Eine weitere Ausgabeanweisung könnte hier wie folgt aussehen:

```
Console.WriteLine("Immer auf die () achten!");
```

Wenn wir das Programm erneut ausführen, sehen wir, dass diese Ausgabeanweisung als zweite erfolgt (wenn wir diese nach der ersten Ausgabeanweisung programmiert haben). Die Ausführung des Programmes erfolgt also von oben nach unten.

Wichtig für die Programmierung sind auch Kommentare. Kommentare sind Zeilen im Quellcode, die nicht ausgeführt, also einfach übergangen werden und sind dafür gedacht, einen nachfolgenden Code zu erklären. Vor allem für umfangreichere Programme ist es sehr sinnvoll, Kommentare zu verwenden, um gleich zu beschreiben, was bestimmte Codeabschnitte genau machen sollen, bzw. wofür diese gedacht sind.

Einen Kommentar leiten wir mit zwei Schrägstrichen ein:

```
// Hier folgt eine weitere Ausgabe
Console.WriteLine("Ein Kommentar wird mit zwei Schrägstrichen eingeleitet.");
```

Konsolenausgabe:

Kommentare sind auch über mehrere Zeilen möglich. Mehrzeilige Kommentare beginnen mit Schrägstrich-Stern und enden mit Stern-Schrägstrich. Oberhalb unserer Konsolenausgaben könnte beispielsweise folgender mehrzeiliger Kommentar stehen:

```
/*
* Unser erstes Programm im C#-Kurs.
* Hier lernen wir, wie Konsolenausgaben funktionieren.
*/
```

Kommentare können auch dann Sinn machen, wenn wir einen Code als ungültig markieren, aber ihn nicht sofort löschen wollen, beispielsweise wenn wir nur einen Teil des Quellcodes eine Zeit lang ausprobieren wollen und dafür einen anderen Teil des Programmes „außen vor" lassen wollen. Wir kommentieren unsere ersten beiden Zeilen Code aus:

```
/*
Console.WriteLine("Willkommen im C#-Kurs!");
Console.WriteLine("Immer auf die () achten!");
*/
```

Konsolenausgabe:

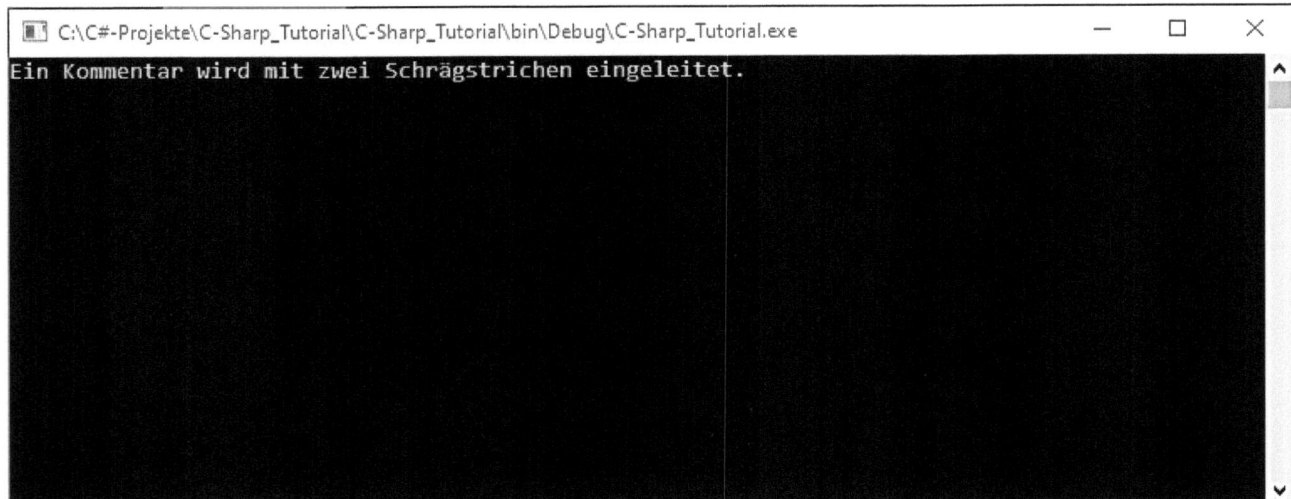

Hinweis: Der „Console.WriteLine()"-Befehl erscheint auch, wenn wir „cw" eingeben und zwei Mal nacheinander die Tabulator-Taste drücken.

2   Variablen

Variablen benötigen wir in unserem Programmcode immer dann, wenn wir Werte abspeichern müssen, beispielsweise wenn wir diese wiederverwenden und abändern wollen.

2.1   Deklaration und Initialisierung von Variablen

Bevor wir eine Variable in unserem Programm nutzen können, müssen wir diese deklarieren. Mit der Deklaration einer Variablen legen wir zunächst dessen Datentyp und anschließend dessen Namen fest. Wenn wir eine Variable so verwenden wollen, dass diese Ganzzahlen speichern und weiterverwenden kann, können wir dieser den Datentyp Integer, in der Kurzform „int" zuweisen:

```
int zahl;
```

Nachdem wir die Variable „zahl" deklariert haben, können wir diese nun initialisieren. Die Initialisierung einer Variablen bedeutet, dass wir dieser (erstmalig) einen passenden Wert zuweisen. Die Wertzuweisung erfolgt durch den Zuweisungsoperator, dem Gleichheitszeichen:

```
zahl = 12;
```

Den Wert der Variablen können wir beispielsweise in der Konsole ausgeben lassen:

```
Console.WriteLine(zahl);
```

Die Deklaration und Initialisierung ist auch in nur einer Codezeile möglich:

```
int zahl = 12;
```

Den Wert der Variablen können wir nachträglich ändern, indem wir dieser einen neuen Wert zuweisen:

```
zahl = 5;
Console.WriteLine(zahl);
```

Mehrere gleichartige Variablen lassen sich auch in einer Codezeile deklarieren, indem wir die einzelnen Variablen mit einem Komma voneinander trennen. Den jeweiligen Datentyp müssen wir zuerst festlegen. Dieser Datentyp gilt dann für alle Variablen:

```
int ersteZahl, zweiteZahl, dritteZahl;
```

Mehrere Variablen können auch in einer Codezeile gleichzeitig initialisiert werden:

```
int ersteZahl = 3, zweiteZahl = 5, dritteZahl = 7;
Console.WriteLine(zweiteZahl);
```

Konsolenausgabe:

C:\C#-Projekte\C-Sharp_Tutorial\C-Sharp_Tutorial\bin\Debug\C-Sharp_Tutorial.exe

2.2 Primitive Datentypen

Die Programmiersprache C# bietet eine Vielzahl von Datentypen an, die wir für Variablen verwenden können. Die Datentypen unterscheiden sich einerseits vom Inhalt, den diese verarbeiten können, andererseits vom Wertebereich, der wiederum vom Speicherbedarf abhängt. Insbesondere bei Ganzzahlen wird der Unterschied im Wertebereich deutlich. Je größer die Zahl sein kann, die der jeweilige Datentyp aufnehmen und verarbeiten kann, desto mehr Arbeitsspeicher verlangt diese Variable unserem Rechner ab.

Für Ganzzahlvariablen kann grundsätzlich der Datentyp „int" verwendet werden. Im Bereich der Fließkommazahlen empfiehlt sich grundsätzlich die Verwendung des Datentyps „double".

Ansonsten kommt es im Wesentlichen darauf an, wofür wir eine Variable benötigen. Wenn wir beispielsweise ein einzelnes Zeichen speichern wollen, verwenden wir den Datentyp „char" einen Wahrheitswert verwenden wollen, nehmen wir den Datentyp boolean.

Die wichtigsten primitiven Datentypen sind die folgenden:

Ganze Zahlen	Speicherbedarf	Wertebereich
sbyte	1 Byte	-128 bis 127
short	2 Bytes	-32.768 bis 32.767
int	**4 Bytes**	**-2.147.483.648 bis -2.147.483.647**
long	8 Bytes	−9.223.372.036.854.755.808 bis 9.223.372.036.854.755.807
byte	1 Byte	0 bis 255
ushort	2 Bytes	0 bis 65.535
uint	4 Bytes	0 bis 4.294.967.295
ulong	8 Bytes	0 bis 18.446.744.073.709.551.615

Fließkommazahlen	Speicherbedarf	Genauigkeit
float	4 Bytes	einfach (7 Stellen)
double	**8 Bytes**	**doppelt (15 Stellen)**

Sonstige	Speicherbedarf	Wertebereich
boolean	1 Byte	true / false
char	2 Bytes	Unicode-Zeichen

Die Programmiersprache C# ist sehr strikt bei der Anwendung der Datentypen. Die Deklaration der Variablen muss daher unbedingt mit dem richtigen Datentyp erfolgen, da es ansonsten zu erheblichen Fehlern kommen kann.

2.3 Rechenoperatoren für Variablen

Operatoren verknüpfen zwei Werte miteinander, um mit diesen Werten eine „Operation" durchzuführen. Beispielsweise kennen wir den Begriff „Rechenoperation" auch aus der Mathematik.

Den Zuweisungsoperator („=") kennen wir schon, weil wir diesen für die Zuweisung eines Wertes an eine Variable benötigt haben. Die Rechenoperatoren aus der Mathematik, die sog. arithmetischen Operatoren +, -, X und / können wir bei der Berechnung von Werten für oder mit Variablen ebenfalls verwenden:

```
int ersteZahl, zweiteZahl;

ersteZahl = 3 + 5;
Console.WriteLine(ersteZahl);
ersteZahl = 8 - 3;
Console.WriteLine(ersteZahl);
ersteZahl = 10 * 2;
Console.WriteLine(ersteZahl);
ersteZahl = 10 / 2;
Console.WriteLine(ersteZahl);
```

Ein weiterer Rechenoperator ist der Modulo-Operator, mit dem sich der Restwert aus einer Division von zwei Zahlen ermitteln lässt. Mithilfe des Modulo-Operators kann sich beispielsweise leicht feststellen lassen, ob eine Zahl gerade ist (dann ergibt die Zahl Modulo 2 immer 0, ansonsten 1):

```
zweiteZahl = ersteZahl % 2;
Console.WriteLine(zweiteZahl);
```

Einer Variablen können wir auch das Ergebnis aus einer Rechenoperation aus zwei anderen Variablen übergeben:

```
zweiteZahl = 10;
int ergebnis = ersteZahl + zweiteZahl;
Console.WriteLine(ergebnis);
```

Alternativ können wir die Berechnung auch direkt in der Konsolenausgabe durchführen lassen. In diesem Fall würden wir die Variable „ergebnis" nicht benötigen.

```
Console.WriteLine(ersteZahl + zweiteZahl);
```

Wenn im Rahmen einer Konsolenausgabe zusätzlich Text enthalten ist, sollte die mathematische Operation insgesamt in Klammern geschrieben werden, da die Zahlen ansonsten bei der Addition einfach als verketteter Text nebeneinander geschrieben werden. Folgender Code liefert als Ergebnis „510":

```
Console.WriteLine("Ergebnis: " + ersteZahl + zweiteZahl);
```

Der geänderte Code liefert das richtige Ergebnis „15":

```
Console.WriteLine("Ergebnis: " + (ersteZahl + zweiteZahl));
```

Konsolenausgabe:

C:\C#-Projekte\C-Sharp_Tutorial\C-Sharp_Tutorial\bin\Debug\C-Sharp_Tutorial.exe

```
8
5
20
5
1
15
15
Ergebnis: 15
```

2.4 Selbstzuweisung

Eine Variable kann auch durch Verwendung ihres eigenen Wertes sich selbst einen neuen Wert zuweisen, bzw. ihren bisherigen Wert erhöhen oder reduzieren. Hierbei handelt es sich um ein sehr wichtiges Prinzip in der Programmierung, das in vielen Situationen eingesetzt wird:

```
int zahl;
string text;

zahl = 10;
zahl = zahl + 1;
```

Der folgende Code bewirkt die Ausgabe der Zahl 11:

```
Console.WriteLine(zahl);
```

Eine deutliche Verkürzung stellt die Nutzung des Zuweisungsoperators in der kombinierten Form mit einem arithmetischen Operator dar. Mit folgender Codezeile erhöhen wir die Zahl noch einmal um den Wert 1:

```
zahl += 1;
Console.WriteLine(zahl);
```

Der Zuweisungsoperator kann mit jedem arithmetischen Operator in kombinierter Form genutzt werden. Um unsere Zahl zu verdoppeln, können wir folgenden Code nutzen:

```
zahl *= 2;
Console.WriteLine(zahl);
```

Die kombinierte Zuweisung können wir auch für den Verkettungsoperator verwenden, wenn wir Texte erweitern wollen:

```
text = "Unser Text";
text += " beinhaltet die Zahl: 22";
Console.WriteLine(text);
```

Konsolenausgabe:

```
C:\C#-Projekte\C-Sharp_Tutorial\C-Sharp_Tutorial\bin\Debug\C-Sharp_Tutorial.exe
11
12
24
Unser Text beinhaltet die Zahl: 22
```

2.5 Der Datentyp char

Der Datentyp char eignet sich, um einzelne Zeichen abzuspeichern. Hierbei kann jedes beliebige Unicode-Zeichen, europäische und asiatische Zeichen, aufgenommen werden.

Ein einzelnes Zeichen wird einer char-Variablen <u>in einfachen Anführungszeichen</u> zugewiesen:

```
char erstesZeichen = 'A';
```

Ebenso kann einer char-Variablen ein Zeichen durch eine in einen „char" umgewandelte Zahl zugewiesen werden. Diese Zahl repräsentiert das entsprechende Zeichen nach Unicode-Tabelle. Dieser ordnet jedes Zeichen einer Zahl zu. Das Alphabet mit dem Großbuchstaben „A" beginnt hier bei der Zahl 65:

```
char zweitesZeichen = (char)65;
Console.WriteLine(erstesZeichen);
Console.WriteLine(zweitesZeichen);
```

Um das nächste Zeichen aus dem Unicode-Zeichensatz zu erhalten, kann das zweite Zeichen beispielsweise um den Wert 1 erhöht werden. Diesen Vorgang können wir beispielsweise mit einer Variablen für die Zahl realisieren:

```
int zeichenZahl = 65;
zweitesZeichen = (char)zeichenZahl;
Console.WriteLine(zweitesZeichen);
zeichenZahl += 1;
```

Bei der nächsten Ausgabe erhalten wir den Buchstaben „B":

```
zweitesZeichen = (char)zeichenZahl;
Console.WriteLine(zweitesZeichen);
```

<u>Konsolenausgabe:</u>

C:\C#-Projekte\C-Sharp_Tutorial\C-Sharp_Tutorial\bin\Debug\C-Sharp_Tutorial.exe

```
A
A
A
B
```

2.6 Der Datentyp String

Mit dem Datentyp String lassen sich ganze Texte in eine Variable speichern.

Im Gegensatz zu den Datentypen int, double oder char beispielsweise ist der Datentyp String kein einfacher Datentyp. Ein String verweist auf ein Objekt der Klasse String. Das hat einige Konsequenzen, auf die wir noch genauer eingehen werden.

Bei der Deklaration des Strings kann das Schlüsselwort „String" groß- oder kleingeschrieben werden (Praktisch hat die Groß- oder Kleinschreibung kaum Konsequenzen):

```
string text;
```

Die Initialisierung erfolgt durch die Zuweisung des Textes in doppelte Anführungszeichen:

```
text = "Unser Text";
Console.WriteLine(text);
```

Den Text können wir mit dem +-Operator erweitern. Der +-Operator hat hierbei die Funktion als Verkettungsoperator und verbindet mehrere Zeichenketten miteinander:

```
text += " beinhaltet die Zahl: ";
Console.WriteLine(text);
```

Ein String kann auch mit Werten anderer Datentypen verkettet werden, beispielsweise mit einer Zahl. Diese wird bei der Verkettung automatisch in einen String umgewandelt:

```
text += 22;
Console.WriteLine(text);
```

Der String kann auch in der Konsolenausgabe erweitert werden. In diesem Fall wird nicht der String selbst, sondern nur die Ausgabe erweitert:

```
Console.WriteLine(text + 44);
Console.WriteLine(text);
```

Konsolenausgabe:

```
C:\C#-Projekte\C-Sharp_Tutorial\C-Sharp_Tutorial\bin\Debug\C-Sharp_Tutorial.exe

Unser Text
Unser Text beinhaltet die Zahl:
Unser Text beinhaltet die Zahl: 22
Unser Text beinhaltet die Zahl: 2244
Unser Text beinhaltet die Zahl: 22
```

2.7 Fließkommazahlen

Für Fließkommazahlen stehen uns die Datentypen float und double zur Verfügung. Die Datentypen unterscheiden sich vor allem in der Genauigkeit. Der Datentyp double ist beim Speichern von Fließkommazahlen doppelt genau wie der Datentyp float.

Wir erschaffen uns von beiden Datentypen jeweils eine Variable:

```
float einfachGenau;
double doppeltGenau;
```

Bei der Wertzuweisung gibt es zwei Dinge zu beachten. Unabhängig vom Datentyp werden Fließkommazahlen in der amerikanischen Schreibweise geschrieben. Statt einem Komma wird also ein Punkt verwendet. Wenn eine Fließkommazahl einer float-Variablen zugewiesen werden soll, muss außerdem an das Ende der Zahl ein kleines „f" oder ein großes „F" geschrieben werden:

```
einfachGenau = 3319922.39814477f;
doppeltGenau = 3319922.39814477;
```

Der Unterschied zwischen den Datentypen float und double macht sich in der folgenden Ausgabeanweisungen bemerkbar. Die Anzahl der ausgegebenen Nachkommastellen ist dabei auch abhängig von der Größe der Zahl (vor den Nachkommastellen):

```
Console.WriteLine(einfachGenau);
Console.WriteLine(doppeltGenau);
```

Der Datentyp float hat eine Genauigkeit von 7 signifikanten Stellen, der Datentyp double erreicht eine Genauigkeit von 15 signifikanten Stellen.

Bei der Berechnung von Fließkommazahlen ist es wichtig, schon bei der Division selbst dafür zu sorgen, dass die Zahlen, mit denen gerechnet wird, auch Kommazahlen sind.

Folgender Code erzeugt nur das Ergebnis 2:

```
double kommaZahl;
kommaZahl = 5/2;
Console.WriteLine(kommaZahl);
```

Wenn wir aber den Zähler oder de Nenner in unserer Division als Kommazahl bezeichnen, erhalten wir das Ergebnis 2.5:

```
kommaZahl = 5/2.0;
Console.WriteLine(kommaZahl);

kommaZahl = 5.0/2;
Console.WriteLine(kommaZahl);
```

Das gleiche Ergebnis liefert auch die Bezeichnung einer Zahl als float, indem ein „f" hinter eine der Zahlen geschrieben wird:

```
kommaZahl = 5/2f;
Console.WriteLine(kommaZahl);
```

Konsolenausgabe:

```
C:\C#-Projekte\C-Sharp_Tutorial\C-Sharp_Tutorial\bin\Debug\C-Sharp_Tutorial.exe
3319923
3319922,39814477
2
2,5
2,5
2,5
```

2.8 Konsoleneingaben

Konsoleneingaben lassen sich mit dem Befehl „Console.ReadLine()" realisieren. Die Eingabe ist eine Zeichenkette und daher in eine Variable des Datentyps String zu speichern:

```
string text;
```

Wenn die Eingabe direkt rechts neben der Eingabeaufforderung (statt in der nächsten Zeile) erfolgen soll, müssen wir hierfür den „Console.Write"-Befehl verwenden:

```
Console.Write("Bitte gib einen Text ein: ");
text = Console.ReadLine();
Console.WriteLine("Eingegeben wurde: " + text);
```

Weil die Eingabe vom Datentyp String sein muss, lässt sich mit dieser keine Rechenoperation durchführen. Wenn wir die Eingabe einer Ganzzahl ermöglichen wollen, muss die Eingabe in den Datentyp int umgewandelt werden. Das können wir mit dem „Parse"-Befehl realisieren:

```
int zahl;
Console.Write("Bitte gib eine Zahl ein: ");
zahl = int.Parse(Console.ReadLine());
int ergebnis = zahl + 5;
Console.WriteLine("Zahl + 5: " + ergebnis);
```

Hinweis: Bei Eingabe von Zeichen oder Zeichenketten führt dieser Code zu einer Fehlermeldung.

Wir machen ein weiteres Beispiel für die Eingabe einer Kommazahl:

```
double kommaZahl;
Console.Write("Bitte gib eine Kommazahl ein: ");
kommaZahl = double.Parse(Console.ReadLine());
double zweitesErgebnis = kommaZahl + 5.5;
Console.WriteLine("Kommazahl + 5,5: " + zweitesErgebnis);
```

Hinweis: Die Kommazahl muss hier mit dem Komma, statt dem Punkt in die Konsole eingegeben werden (nicht in amerikanischer Schreibweise wie im Quellcode); ansonsten folgt eine Fehlermeldung.

Konsolenausgabe:

C:\C#-Projekte\C-Sharp_Tutorial\C-Sharp_Tutorial\bin\Debug\C-Sharp_Tutorial.exe

```
Bitte gib einen Text ein: Beispiel
Eingegeben wurde: Beispiel
Bitte gib eine Zahl ein: 15
Zahl + 5: 20
Bitte gib eine Kommazahl ein: 14,9
Kommazahl + 5,5: 20,4
```

2.9 Programmieraufgabe 1

Schreibe ein kleines Rechenprogramm.

Nach einer Begrüßungsausgabe soll das Programm bitten, eine Zahl einzugeben. Anschließend soll eine weitere Zahl eingegeben werden. Das Programm soll auch Kommazahlen verarbeiten können.

Das Programm soll im Anschluss folgende Berechnungsergebnisse der beiden Zahlen (1. Zahl + 2. Zahl, 1. Zahl – 2. Zahl, 1. Zahl X 2. Zahl und 1. Zahl / 2. Zahl) untereinander wie folgt ausgeben:

Summe: ...

Differenz: ...

Produkt: ...

Quotient: ...

Viel Spass und viel Erfolg !

2.10 Lösungsvorschlag Programmieraufgabe 1

Konsolenausgabe:

```
C:\C#-Projekte\C-Sharp_Tutorial\C-Sharp_Tutorial\bin\Debug\C-Sharp_Tutorial.exe              —    □    ×
Willkommen im Rechenprogramm!
Bitte gib eine erste Zahl ein: 3,5
Bitte gib eine zweite Zahl ein: 6
Rechenergebnisse:
Summe: 9,5
Differenz: -2,5
Produkt: 21
Quotient: 0,583333333333333
```

Code:

```
static void Main(string[] args) {

    double ersteZahl, zweiteZahl;

    Console.WriteLine("Willkommen im Rechenprogramm!");

    Console.Write("Bitte gib eine erste Zahl ein: ");
    ersteZahl = double.Parse(Console.ReadLine());

    Console.Write("Bitte gib eine zweite Zahl ein: ");
    zweiteZahl = double.Parse(Console.ReadLine());

    Console.WriteLine("Rechenergebnisse:");
    Console.WriteLine("Summe: " + (ersteZahl + zweiteZahl));
    Console.WriteLine("Differenz: " + (ersteZahl - zweiteZahl));
    Console.WriteLine("Produkt: " + (ersteZahl * zweiteZahl));
    Console.WriteLine("Quotient: " + (ersteZahl / zweiteZahl));

    Console.ReadKey();
}
```

2.11 Variablen benennen

Variablen können auf unterschiedliche Arten und Weisen benannt werden. Hierfür existieren drei empfehlenswerte Varianten.

Empfehlenswert sind die CamelCase und die Snake_Case-Schreibweise:

```
int ersteZahl;
int erste_zahl;
```

Die CamelCase-Schreibweise wird teilweise auch mit einem Präfix für den Datentyp verwendet, damit der Datentyp am Namen der Variablen erkannt werden kann:

```
int intErsteZahl;
```

Möglich, aber vor allem für Zahlvariablen nicht unbedingt empfehlenswert, ist die Verwendung einer Zahl im Namen der Variablen:

```
int zahl3;
zahl3 = 1 + 2;
```

Nicht möglich ist die Verwendung von Zahlen als erstes Zeichen, Sonderzeichen oder dem Punkt im Namen der Variablen:

```
int 1.zahl;
```

Hinweis: Umlaute sollten für die Namensgebung nicht verwendet werden, stattdessen „ae", „oe" und „ue".

2.12 String-Methoden

C# stellt uns eine Vielzahl von Methoden zur Verfügung, mit denen wir Zeichenketten verarbeiten können. Die wichtigsten dieser Methoden werden wir in den folgenden Codebeispielen nutzen.

Wir erschaffen uns hierfür zwei Variablen und weisen ihnen den Datentyp String zu. Der Variablen „text" weisen wir einen Text zu, die Variable „ausgabe" soll den Text in verarbeiteter Form speichern:

```
string text = "Heute scheint die Sonne.";
string ausgabe;
Console.WriteLine(text);
```

Methoden werden nach Bezeichnung des Objekts, auf das sie sich beziehen, mit dem Punkt-Operator aufgerufen. Auf Methoden gehen wir noch in einer weiteren Lektion ein. Wichtig ist aber schon an dieser Stelle zu verstehen, dass Methoden einen Rückgabewert liefern können. Das kann ein String sein, aber auch beispielsweise eine Zahl oder ein Wahrheitswert.

Die Länge des Textes in Zeichen erhalten wir mit der Length-Eigenschaft. Diese liefert eine Zahl zurück. Es wäre hier also nicht möglich, den Rückgabewert direkt in die Variable „ausgabe" zu speichern:

```
Console.WriteLine("Textlänge: " + text.Length + " Zeichen");
```

Mit der Substring-Methode können Teile aus einem String entnommen werden. Die Methode gibt es in 2 Varianten. Die erste Variante gibt einen String zurück, der beginnend ab der als Parameter übergebenen Zahl den gesamten Text umfasst:

```
ausgabe = text.Substring(5);
Console.WriteLine(ausgabe);
```

Die zweite Variante gibt einen String, beginnend ab der ersten als Parameter übergebenen Zahl in der Länge der als zweiten Parameter übergebenen Zahl der Zeichen zurück:

```
ausgabe = text.Substring(5, 8);
Console.WriteLine(ausgabe);
```

Mit den StartsWith- und EndsWith-Methoden können wir prüfen, ob ein Text mit einem bestimmten Zeichen oder einer Zeichenfolge endet. Wir erhalten hierbei den Rückgabewert „True" für richtig oder „False" für falsch:

```
Console.WriteLine("Der Text startet mit 'H': " + text.StartsWith("H"));
Console.WriteLine("Der Text startet mit \"ne\": " + text.EndsWith("ne."));
```

Wenn wir prüfen wollen, ob ein String ein bestimmtes Zeichen oder eine bestimmte Zeichenfolge enthält, können wir die Contains-Methode verwenden. Die Methode liefert den Rückgabewert „True" oder „False" zurück:

```
Console.WriteLine("Der Text enthält \"sch\": " + text.Contains("sch"));
```

Die Prüfung können wir auch mit der IndexOf-Methode vornehmen. Wenn die Zeichenkette vorhanden ist, wird hierbei die Stelle zurückgegeben, an der sich die Zeichenkette befindet, wieder beginnend bei 0:

```
Console.WriteLine("\"sch\" ist an der Stelle: " + text.IndexOf("sch"));
```

Befindet sich die Zeichenkette nicht im String, wird als Ergebnis „-1" zurückgegeben.

Die ToUpper-Methode wandelt den Text komplett in Großbuchstaben um:

```
ausgabe = text.ToUpper();
Console.WriteLine(ausgabe);
```

Die ToLower-Methode wandelt den Text komplett in Kleinbuchstaben um:

```
ausgabe = text.ToLower();
```

```
Console.WriteLine(ausgabe);
```

Die Split-Methode können wir nutzen, um einen Text in mehrere Teil-Texte zu trennen. Hierbei wir der Methode beispielsweise ein Zeichen oder eine Zeichenkette übergeben, die als Trennzeichen dient. Ab diesem Trennzeichen wird der Text jedes Mal in einen neuen Teil-Text aufgespalten. Die Split-Methode gibt es in mehreren Varianten. Wenn der Methode kein String übergeben wird, ist das Leerzeichen das Trennzeichen.

Die Split-Methode gibt ein Array zurück. Zu Arrays kommen wir später noch, für das folgende Beispiel können wir uns ein Array wie eine Liste vorstellen:

```
string[] woerter;
woerter = text.Split();
Console.WriteLine("Erstes Wort im Satz: " + woerter[0]);
```

Zeichen in unserem Text können wir mit der Replace-Methode ersetzen:

```
ausgabe = text.Replace("e", "u");
Console.WriteLine(ausgabe);
```

Strings vergleicht man mit der Equals-Methode. Die Methode liefert den Rückgabewert „True" für richtig oder „False" für falsch und ist vor allem im Bereich der Kontrollstrukturen sehr wichtig:

```
Console.WriteLine(text.Equals("Heute scheint die Sonne."));
```

Konsolenausgabe:

```
C:\C#-Projekte\C-Sharp_Tutorial\C-Sharp_Tutorial\bin\Debug\C-Sharp_Tutorial.exe

Heute scheint die Sonne.
Textlänge: 24 Zeichen
 scheint die Sonne.
 scheint
Der Text startet mit 'H': True
Der Text startet mit "ne": True
Der Text enthält "sch": True
"sch" ist an der Stelle: 6
HEUTE SCHEINT DIE SONNE.
heute scheint die sonne.
Erstes Wort im Satz: Heute
Huutu schuint diu Sonnu.
True
```

2.13 Programmieraufgabe 2

Erstelle einen Code, der das Ausgangswort

Ei_nlang7esw+ort

wie in der untenstehenden Abbildung in drei Schritten abändert.

Schritt 1:
Der Unterstrich, die Zahl 7 und das „+" müssen aus dem Wort entfernt werden.

Tipp: Mithilfe der Replace-Methode können Zeichen auch durch einen Leerstring ersetzt (und damit gelöscht) werden.

Ergebnis: Einlangeswort

Schritt 2
Hier müssen an die richtigen Stellen die Leerzeichen eingefügt werden.

Ergebnis: Ein langes wort

Schritt 3:
Das letzte Wort soll großgeschrieben werden (aber nur der erste Buchstabe). Programmiere Schritt 3 so, dass das letzte Wort unabhängig von der Anzahl der Zeichen im gesamten String großgeschrieben wird.

Tipp: Mithilfe der Split-Methode kannst du das dritte Wort im Satz unabhängig von der Anzahl der vorherigen Zeichen ansprechen und hieraus den erste Buchstaben entnehmen.

Ergebnis: Ein langes Wort

Viel Spass und viel Erfolg!

2.14   Lösungsvorschlag Programmieraufgabe 2

Konsolenausgabe:

```
C:\C#-Projekte\C-Sharp_Tutorial\C-Sharp_Tutorial\bin\Debug\C-Sharp_Tutorial.exe

Ausgangswort: Ei_nlang7esw+ort
Schritt 1: Einlangeswort
Schritt 2: Ein langes wort
Schritt 3: Ein langes Wort
```

Code:

```
static void Main(string[] args) {

    string text = "Ei_nlang7esw+ort";
    Console.WriteLine("Ausgangswort: " + text);

    text = text.Replace("_", "");
    text = text.Replace("7", "");
    text = text.Replace("+", "");
    Console.WriteLine("Schritt 1: " + text);

    text = text.Substring(0, 3) + " " + text.Substring(3, 6) + " " +
text.Substring(9, 4);
    Console.WriteLine("Schritt 2: " + text);

    string[] woerter;
    woerter = text.Split();
    text = woerter[0] + " " + woerter[1] + " " +    woerter[2].Substring(0,
1).ToUpper()
         + woerter[2].Substring(1);
    Console.WriteLine("Schritt 3: " + text);

    Console.ReadKey();
}
```

2.15 Konstanten

Variablen können wir auch konstante Werte übergeben. Der Sinn und Zweck von Konstanten besteht darin, Werte zu verwenden, die wir im Programm selbst oder durch eine Nutzereingabe, o. ä., nicht mehr verändern können sollen. Hierfür verwenden wir im Regelfall Werte, die standardmäßig in bestimmter Weise festgelegt sind. Klassische Beispiele sind der Mehrwertsteuersatz oder die Zahl Pi.

Konstanten können wir durch das Schlüsselwort „const" vor dem Typ der Variablen definieren und müssen ihr hierbei gleichzeitig einen Wert übergeben:

```
const double MWSTSATZ = 0.19;
```

Hinweis: Konstanten werden üblicherweise insgesamt großgeschrieben. Eine besondere Bedeutung hat diese Schreibweise für den Programmcode zwar nicht. Die Großschreibweise dient dazu, um Konstanten von einfachen Variablen optisch besser unterscheiden zu können.

Die Änderung des einmal festgelegten Wertes ist bei Konstanten nicht mehr möglich:

```
// Code führt zu Fehlermeldung:
MWSTSATZ = 0.16;
```

Ansonsten können wir Konstanten wie einfache Variablen verwenden, wie in folgendem Beispiel:

```
double nettoPreis, bruttoPreis;
nettoPreis = 20.35;
bruttoPreis = nettoPreis + nettoPreis * MWSTSATZ;

Console.WriteLine("Nettobetrag: " + nettoPreis);
Console.WriteLine("Enthaltene MwSt.: " + (nettoPreis * MWSTSATZ));
Console.WriteLine("Bruttobetrag: " + bruttoPreis);
```

Ein auf zwei Nachkommastellen gerundetes Ergebnis können wir wie folgt ausgeben lassen:

```
Console.WriteLine("Bruttobetrag: " + Math.Round(bruttoPreis, 2));
```

Konsolenausgabe:

```
C:\C#-Projekte\C-Sharp_Tutorial\C-Sharp_Tutorial\bin\Debug\C-Sharp_Tutorial.exe       —    □    ✕
Nettobetrag: 20,35
Enthaltene MwSt.: 3,8665
Bruttobetrag: 24,2165
Bruttobetrag: 24,22
```

2.16 Typumwandlung (Casting)

In vielen Programmen ist es erforderlich, den Datentyp eines bestimmten Wertes oder einer Variablen in einen anderen Datentyp umzuwandeln, um den umgewandelten Wert weiterverarbeiten zu können. Man spricht hierbei auch von Typkonvertierung oder „type casting".

Man unterscheidet dabei zwischen impliziter und expliziter Typumwandlung.

Die Grundproblematik bei der Typumwandlung unter einfachen Datentypen besteht darin, dass diese unterschiedliche Wertebereiche haben. Beispielsweise können in eine short-Variable weniger große Ganzzahlen gespeichert werden, als in eine integer-Variable, in eine float-Variable weniger genaue Zahlen als in eine double-Variable.

Das bedeutet aber auch, dass der Speicher einer int-Variablen ausreicht, um einen Wert aufzunehmen, der in eine short-Variable gespeichert wurde. Daher ist es möglich, den Wert einer short-Variablen in eine integer-Variable zu konvertieren. Folgender Code funktioniert also:

```
// Implizite Typumwandlung
byte a = 12;
short b = a;
int c = b;
long d = c;
Console.WriteLine(d);
```

Eine long-Variable, also die Ganzzahl-Variable mit dem größtmöglichen Speicherplatz, kann auch in eine float-Variable umgewandelt werden, obwohl die long-Variable mehr Speicherplatz als die float-Variable benötigt:

```
float e = d;
double f = e;
Console.WriteLine(f);
```

Eine char-Variable kann in eine integer-Variable umgewandelt werden. Gespeichert wird die Zahl, für die das Zeichen im Unicode-Zeichensatz steht:

```
char zeichen = 'A';
int zahl = zeichen;
Console.WriteLine(zahl);
```

Bei der impliziten Typumwandlung wird die Typkonvertierung nicht ausdrücklich im Quellcode angegeben, sondern erfolgt automatisch.

Die implizite Typumwandlung funktioniert „von unten nach oben", also vom kleineren in den jeweils größeren Wertebereich.

Umgekehrt funktioniert die implizite Typumwandlung nicht. Wir können keine long-Variable in eine int-Variable umwandeln; auch dann nicht, wenn der Wertebereich der int-Variablen ausreichen würde:

```
long x = 12;
int y = x;
```

Dieses Problem können wir mit der expliziten Typumwandlung lösen. Bei der expliziten Typumwandlung wird die Umwandlung in den umzuwandelnden Typ ausdrücklich angewiesen. Hierbei spricht man auch vom Casting:

```
// Explizite Typumwandlung
long x = 12;
int y = (int)x;
Console.WriteLine(y);
```

Die Umwandlung einer double- in eine float-Variable funktioniert hier ebenso:

```
double z = 12.5;
float zf = (float)z;
Console.WriteLine(zf);
```

Bei der Umwandlung einer Kommazahl in eine Ganzzahl wird die umgewandelte Zahl nicht gerundet. Die Nachkommastellen werden abgeschnitten:

```
y = (int) z;
Console.WriteLine(y);
```

Den Wertebereich der Datentypen müssen wir bei der Typumwandlung aber beachten:

```
short kleineZahl = 256;
byte kleinereZahl = (byte)kleineZahl;
Console.WriteLine(kleinereZahl);
```

Die Typumwandlung führt hier dazu, dass der Wertebereich der byte-Variablen wieder vom unteren Ende ausgenutzt wird, also vom negativen Bereich neu gezählt wird. Die byte-Variable hat einen Wertebereich von 0 bis 255. Die Zuweisung des Wertes 256 führt dazu, dass der Variablen „kleinereZahl" der Wert 0 zugewiesen wird.

Konsolenausgabe:

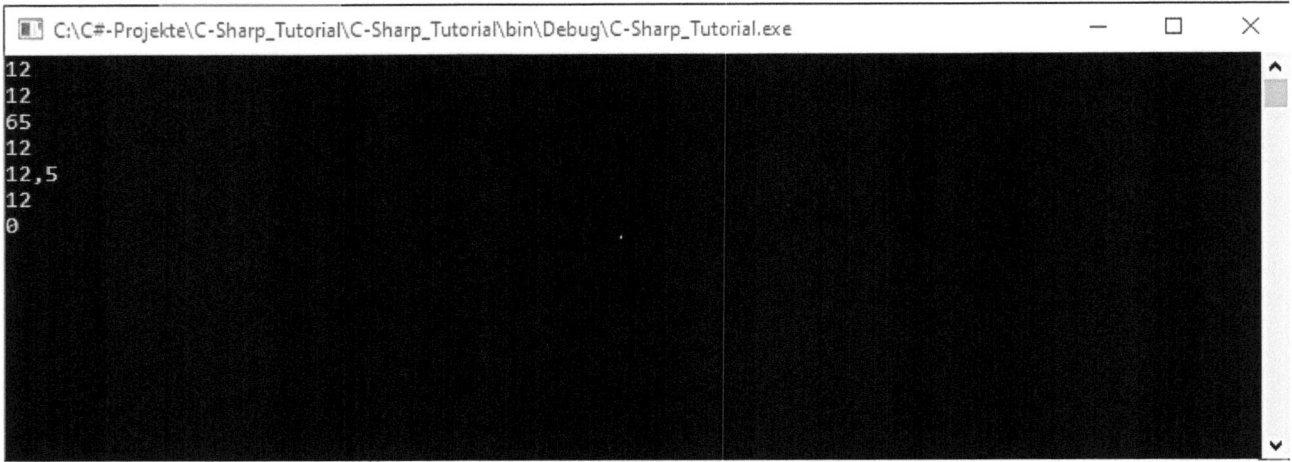

3 Objektorientierung I

Objektorientierte Programmierung ist ein Denkansatz, der sich grundsätzlich von der prozeduralen Programmierung unterscheidet.

Hintergrund ist der, dass durch den Quellcode die reale Welt abgebildet werden soll, die sich aus Objekten zusammensetzt. Beispielsweise der Stuhl, auf dem wir sitzen oder der PC, an dem wir arbeiten, der Tisch, auf dem der Monitor steht, usw.

Diese Objekte haben Eigenschaften und Methoden, mit denen diese Objekte etwas anfangen können. Beispielsweise hat ein Stuhl meistens die Eigenschaft, vier Beine zu haben und entweder gepolstert oder nicht gepolstert zu sein.

Die objektorientierte Programmierung bietet einige Vorteile, vor allem die Wartbarkeit und Wiederverwendbarkeit durch die Erstellung von Klassen, von denen wiederum einfach Objekte erzeugt werden können, die schließlich alle Eigenschaften und Methoden der Klasse haben, ohne dass diese jedes Mal neu programmiert, bzw. geändert werden müssten. Durch dieses Prinzip kann bei umfangreicheren Programmen der Code deutlich verschlankt und übersichtlicher gestaltet werden. Das wird beispielsweise durch die Vererbung ebenfalls ermöglicht.

Die Programmiersprache C# ist objektorientiert. Das sehen wir schon daran, dass die „Main"-Methode, von der aus das Programm startet, in eine Klasse – hier die Klasse „Program" – eingebunden ist.

In diesem Abschnitt beginnen wir mit den absoluten Grundlagen der objektorientierten Programmierung. In einem weiteren Abschnitt werden die Kenntnisse zur objektorientierten Programmierung erweitert und vertieft.

3.1 Klassen und Objekte

Der Grundbaustein der objektorientierten Programmierung ist die Klasse.

Eine Klasse kann man sich wie einen Bauplan vorstellen, aus dem Objekte erzeugt werden. Jedes Objekt einer Klasse hat die Eigenschaften und Methoden einer Klasse.

Klassen können wir innerhalb der gleichen Datei wie die Datei „Program.cs" oder in eine eigene Datei schreiben. Für den Anfang ist es einfacher, eine Datei innerhalb der gleichen Datei zu erstellen. Wir erstellen eine Klasse für unser Programm, die ein Fahrzeug abbilden soll. Dazu schreiben wir außerhalb des Geltungsbereichs der Klasse „Program", in diesem Fall darunter. Die Klasse wird mit dem Schlüsselwort „class" definiert. Anschließend folgt der Name dieser Klasse:

```
class Program {
    ...
}
class Auto {
}
```

In der Main-Methode der Klasse „Program" erzeugen wir ein Objekt der Klasse Auto:

```
static void Main(string[] args) {
    Auto erstesAuto = new Auto();
```

Grundsätzlich nennt man das Objekt einer Klasse auch wie die Klasse selbst, nur kleingeschrieben. In diesem Fall würde der Code wie folgt aussehen:

```
Auto auto = new Auto();
```

Für den Anfang ist es aber verständlicher, das Objekt zunächst etwas anders zu nennen. Außerdem könnte unser Programm auch mehrere Auto-Objekte, beispielsweise „zweitesAuto", „drittesAuto", usw., erzeugen.

In unserem Code haben wir genau genommen zwei Schritte unternommen.

1. haben wir einen Objektverweis auf die Klasse Fahrzeug erzeugt: **Auto erstesAuto;**

2. haben wir eine Instanz der Klasse Fahrzeug erzeugt: **erstesAuto = new Auto();**

Hier besteht eine Ähnlichkeit zur Deklaration und Initialisierung von Variablen, bei denen man diese beiden Schritte ebenfalls oft zusammenfasst.

3.2 Eigenschaften

Unsere Klasse werden wir nun „mit Leben füllen", indem wir damit beginnen, für diese Klasse bestimmte Eigenschaften zu programmieren. Die Eigenschaften einer Klasse werden auch Attribute oder Member genannt. Diese Attribute werden automatisch an jedes Objekt übergeben, das von dieser Klasse erzeugt wird.

Für ein Auto können Eigenschaften wie beispielsweise die Marke, das Modell, das Baujahr oder der Preis wichtig sein. Prinzipiell können für eine Klasse natürlich auch eine Vielzahl weiterer Attribute festgelegt werden, aber wir beschränken uns an dieser Stelle auf die wichtigsten.

Die Attribute einer Klasse sind Objektvariablen und daher fast wie einfache Variablen, die wir schon aus der Nutzung im Rahmen der Main-Methode kennen, zu deklarieren. Bei Objektvariablen gibt es aber einen wesentlichen Unterschied. Wir deklarieren im Rahmen unserer Klasse „Auto" die erste Eigenschaft „marke". Da diese aus einer Zeichenkette besteht, schreiben wir:

```
class Auto {
    public string marke;
}
```

In der Main-Methode der Klasse „Program" können wir mit dem Punkt-Operator auf die Eigenschaft „marke" zugreifen:

```
static void Main(string[] args) {
    erstesAuto.marke = "Volkswagen";
    Console.WriteLine(erstesAuto.marke);
```

Konsolenausgabe:

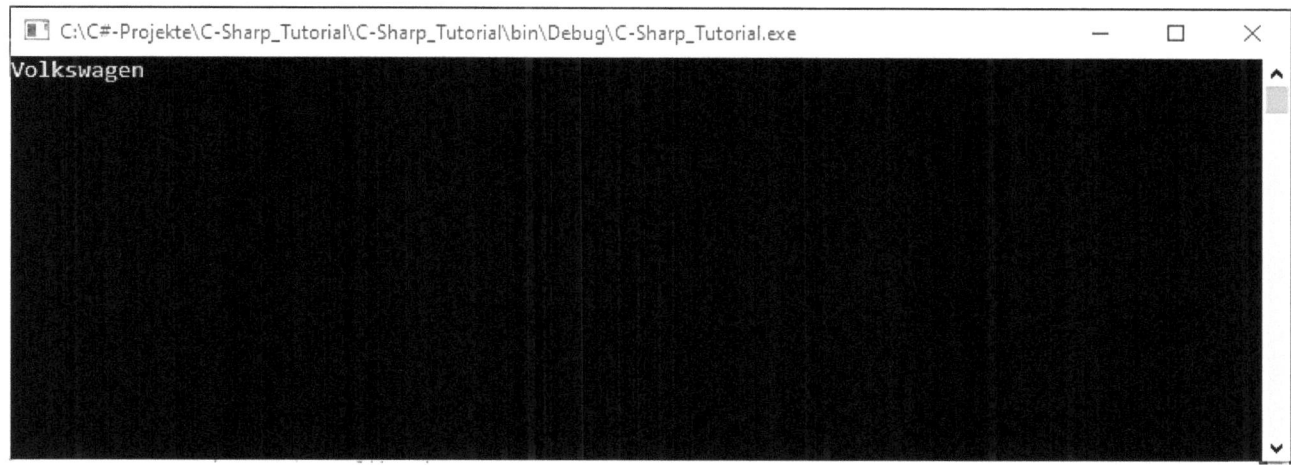

Im Gegensatz zu den bisher genutzten Variablen werden Objektvariablen mit einem Zugriffsmodifizierer deklariert. Dieser sollte bei Objektvariablen grundsätzlich „private" sein. Das bedeutet, dass von außerhalb der Klasse nicht auf dieses Objekt zugegriffen werden kann. Das hat den Hintergrund, dass die Daten einer Klasse geschützt sein sollen. Dieses Prinzip nennt man Datenkapselung. Nach diesem Prinzip können wir weitere Eigenschaften wie folgt festlegen:

```
class Auto {
    public String marke;
    private String modell;
    private int baujahr;
    private double preis;
}
```

In der Main-Methode können wir nur auf die Eigenschaft „marke" zugreifen. Folgender Code könnte damit nicht ausgeführt werden:

```
static void Main(string[] args) {
    erstesAuto.modell = "Golf";
```

Grundsätzlich ist es gewollt, dass auf Attribute außerhalb der Klasse nicht direkt zugegriffen werden kann. Wir ändern den Zugriffsmodifizierer der Eigenschaft „marke" in „private" und löschen die Zugriffe auf die Eigenschaften in der Main-Methode.

Der Zugriff soll von jetzt an nur über Methoden der Klasse, in der diese Daten gespeichert sind, erfolgen. Hierzu kommen wir in einer weiteren Lektion.

3.3 Methoden

Objekte können über Methoden verfügen. Hierbei können zwei grundsätzlich verschiedene Methoden-Varianten unterschieden werden. Methoden haben folgende Syntax:

```
// Zugriffsmodifikator Rückgabetyp Name (ggf. Parameter) {
//     Implementierung (Anweisungen)
// }
```

Die Methode verfügt über eine Deklaration, den „Kopfteil" der Methode und der Implementierung, den Teil der Methode, in dem die Codeanweisungen stehen. Das wesentliche Unterscheidungsmerkmal zwischen beiden Methoden-Varianten ist die Frage, ob es einen Rückgabewert geben soll.

Die Methode ohne Rückgabewert wird bei ihrem Aufruf etwas erledigen. Weil diese keinen Rückgabewert liefert, wird diese Methode mit dem Schlüsselwort „void" definiert. In unserem Fall könnte das Auto zum Beispiel hupen:

```
class Auto {
    ...
    public void Hupen() {
        Console.WriteLine("Mieeep!");
    }
}
```

Methoden sind grundsätzlich öffentlich, damit auf diese von außerhalb der Klasse zugegriffen werden kann, werden also mit dem Schlüsselwort „public" definiert. Der Methodenname kann klein- oder großgeschrieben sein; der Konvention nach werden Methoden in der Programmiersprache C# großgeschrieben, was wir auch an der automatisch erstellten Main-Methode der Klasse „Program" erkennen können.

Die Methode mit Rückgabewert unterscheidet sich dadurch, dass diese im Methodenkopf den Rückgabetyp angibt und zwingend eine „return-Anweisung" beinhalten muss. Die return-Anweisung muss mit dem Datentyp im Kopf der Methode übereinstimmen:

```
class Auto {
    ...
    public String RadioWeihnachten() {
        return "Last Christmas";
    }
}
```

Unterschiede ergeben sich nicht nur bei der Methodendeklaration und -implementierung, sondern auch beim Aufruf der Methoden. Die Methode „Hupen" kann hier isoliert in der Main-Methode der Hauptklasse aufgerufen werden:

```
static void Main(string[] args) {
    ...
    erstesAuto.Hupen();
}
```

Ein Aufruf der „RadioWeihnachten"-Methode würde in isolierter Form nichts nützen:

```
erstesAuto.RadioWeihnachten();
```

Im Zusammenhang mit einer Ausgabeanweisung wird der Rückgabewert sinnvoll genutzt:

```
Console.WriteLine("Es ist Heilig Abend. Im Radio läuft folgender Song: "
                + erstesAuto.RadioWeihnachten());
```

Methoden mit Rückgabewerten werden häufig verwendet, um das Ergebnis einer Berechnung zu erhalten oder beispielsweise den Status einer Objekteigenschaft abzufragen.

Methoden können Parameter verwenden. Parameter sind Werte, die einer Methode übergeben werden müssen, damit diese im Rahmen der Implementierung genutzt werden. Unser Auto könnten wir beispielsweise über eine Methode lackieren. Als Parameter können wir dieser Methode die Farbe übergeben, in der unser Auto lackiert werden soll. Parameter werden in die runden Klammern mit dem Datentyp und dem Namen des Parameters definiert:

```
public void Lackieren(string farbe) {
     Console.WriteLine("Das Auto hat jetzt die Farbe: " + farbe);
}
```

Parameter sind nur im Rahmen der Methode verwendbar. Außerhalb der Methode „Lackieren" kann der Parameter „farbe" nicht genutzt werden.

Methoden können auch mehrere Parameter verwenden:

```
public void Tanken(double liter, string kraftstoff) {
     Console.WriteLine(liter + " Liter " + kraftstoff + " wurden getankt.");
}
```

Die Methoden können wir wie folgt aufrufen:

```
static void Main(string[] args) {
     ...
     erstesAuto.Lackieren("hellblau");
     erstesAuto.Tanken(31.9, "Benzin, Super Plus");
}
```

Konsolenausgabe:

```
C:\C#-Projekte\C-Sharp_Tutorial\C-Sharp_Tutorial\bin\Debug\C-Sharp_Tutorial.exe
Volkswagen
Mieeep!
Es ist Heilig Abend. Im Radio läuft folgender Song: Last Christmas
Das Auto hat jetzt die Farbe: hellblau
31,9 Liter Benzin, Super Plus wurden getankt.
```

3.4 Datenkapselung

Unser Auto verfügt über vier verschiedene Attribute, die bisher noch nicht angesprochen werden können. Auf diese Attribute soll von außerhalb der Klasse nicht direkt, sondern nur über Methoden zugegriffen werden können. Damit sind diese Attribute vor einem Zugriff geschützt. Dieses für die objektorientierte Programmierung sehr wichtige Prinzip nennt sich Datenkapselung.

Diese Methoden werden „getter"- und „setter"-Methoden genannt und für jedes Attribut programmiert. Die getter- und setter-Methoden heißen so wie das jeweilige Attribut, auf das diese sich beziehen, wobei zur getter-Methode ein „get" und zur setter-Methode ein „set" vorangestellt wird. Zwingend ist das nicht, aber sehr üblich. Wir sollten uns an diese Konvention halten, damit wir schon direkt im Code sehen, dass diese Methoden nur dafür da sind, die Attribute zugänglich zu machen.

Die Datenkapselung in C# ist in drei Varianten möglich. Die 1. Variante besteht darin, für den Zugriff und die Änderung der Attribute jeweils eigene getter- und setter-Methoden zu definieren:

```
class Auto {
    ...
    // Variante 1: getter- und setter-Methoden
    public string GetMarke() {
        return marke;
    }
    public void SetMarke(string marke) {
        this.marke = marke;
    }
```

Mit dem Schlüsselwort „this" wird das Objekt angesprochen. Im Rahmen der setter-Methoden sorgt „this" dafür, dass das Attribut des Objekts angesprochen wird und nicht nur der Parameter, der in diesem Fall den gleichen Namen hat. Der Code „marke = marke" wäre für den Compiler nicht eindeutig, da mit „marke" an sich nur der Parameter gemeint ist.

Es ist nicht zwingend, getter- und setter-Methoden zu bestimmen. Es kann auch gewollt sein, dass bestimmte Eigenschaften nur über eine getter-Methode, aber über keine setter-Methode verfügen, beispielsweise wenn wir diese nicht veränderbar machen wollen.

Die 2. Variante der Datenkapselung erfolgt durch eine Eigenschaftsmethode (Property), die die Schlüsselwörter „get" und/oder „set" enthält:

```
class Auto {
    ...
    // Variante 2: Eigenschaftsmethode mit enthaltenen gettern und settern
    public string Modell {
        get {
            return modell;
        }
        set {
            modell = value;
        }
```

```
    }
```

Die 3. Variante ist die einfachste und empfehlenswerteste Variante, wenn es nur darum geht, Daten zu kapseln. Diese implementiert die jeweiligen getter- und setter-Methoden automatisch. Dabei werden die Eigenschaften selbst wie Methoden auch als „public" definiert und großgeschrieben. In geschweifte Klammern wird nur ein „get" und/oder „set" bestimmt:

```
class Auto {
    private string marke;
    private string modell;
    // Variante 3: automatisch implementierte Eigenschaften
    public int Baujahr { get; set; }
    public double Preis { get; set; }
```

Auch hier ist es möglich, für Eigenschaften ausschließlich getter oder setter zu bestimmen. Wir könnten beispielsweise das Baujahr unveränderbar machen, indem wir hierfür das Schlüsselwort „get" nicht mit in die geschweiften Klammern schreiben.

In der Main-Methode der Klasse „Program" können wir die Eigenschaften wie folgt bestimmen und auf diese zugreifen. Die Unterschiede zwischen Variante 1 und den Varianten 2 und 3 ergeben sich auch hier:

```
static void Main(string[] args) {
    Auto erstesAuto = new Auto();
    erstesAuto.Hupen();
    ...
    erstesAuto.SetMarke("Volkswagen");
    erstesAuto.Modell = "Golf";
    erstesAuto.Baujahr = 2013;
    erstesAuto.Preis = 11500;

    Console.WriteLine("Marke: " + erstesAuto.GetMarke() + "\n"
                + "Modell: " + erstesAuto.Modell + "\n"
                + "Baujahr: " + erstesAuto.Baujahr + "\n"
                + "Preis: " + erstesAuto.Preis + " Euro");
```

Fazit:

Wenn wir ausschließlich Daten kapseln wollen, sollte die 3. Variante verwendet werden, weil diese am einfachsten zu programmieren ist. Wenn für den Zugriff oder die Abänderung von Attributen darüber hinaus Implementierungen vorgesehen sind, ist die 2. Variante zu empfehlen.

Konsolenausgabe:

```
C:\C#-Projekte\C-Sharp_Tutorial\C-Sharp_Tutorial\bin\Debug\C-Sharp_Tutorial.exe        —    □    ×
Mieeep!
Es ist Heilig Abend. Im Radio läuft folgender Song: Last Christmas
Das Auto hat jetzt die Farbe: hellblau
31,9 Liter Benzin, Super Plus wurden getankt.
Marke: Volkswagen
Modell: Golf
Baujahr: 2013
Preis: 11500 Euro
```

3.5 Der Konstruktor

Konstruktoren sind ein besonderer Typ von Methoden; man spricht auch von Konstruktormethoden. Konstruktormethoden tragen immer den Namen der Klasse, in der sie definiert werden. Konstruktormethoden enthalten keinen Rückgabetyp, auch nicht das Schlüsselwort „void" für keinen Rückgabetyp, da mit Konstruktoren nur Objekte erzeugt werden können.

Konstruktoren können wir beispielsweise programmieren, um Objekte schon bei deren Erzeugung mit Werten zu versehen oder auch um bei Erzeugung eines Objektes bestimmte Anweisungen ausführen zu lassen.

Einen Konstruktor für die Klasse Auto können wir wie folgt definieren:

```
class Auto {
    ...
    public double Preis { get; set; }
    public Auto() { }
    public void Hupen() {
    ...
}
```

Bei diesem Konstruktor fehlt bislang jede Implementierung. Der Anweisungsteil ist in diesem Fall leer, ebenso die Parameterliste. Hierbei spricht man von einem Leer-Konstruktor. Diesen Leer-Konstruktor hat eine Klasse automatisch, ohne dass wir einen Konstruktor überhaupt definieren müssen und ohne dass dieser im Code sichtbar ist. Für die Erzeugung des Objekts ergibt sich hier noch kein Unterschied.

Unseren Konstruktor können wir beispielsweise so programmieren, dass bei der Erzeugung eines Autos die Attribute Marke, Modell und Baujahr gleich festgelegt werden müssen:

```
public Auto(string marke, string modell, int baujahr, double preis) {
    Marke = marke;          // oder: this.Marke = marke;
    Modell = modell;        // oder this.Modell = modell;
    Baujahr = baujahr;      // ...
```

```
        Preis = preis;
}
```

Bei der Erzeugung eines neuen Auto-Objekts über diesen Konstruktor müssen wir die Eigenschaften sofort angeben:

```
static void Main(string[] args) {
    ...
    Auto zweitesAuto = new Auto("Opel", "Astra", 2014, 10500);
    Console.WriteLine("Zweites  Auto:  "  +  zweitesAuto.Marke  +  "  "  +
zweitesAuto.Modell);
    ...
}
```

Konstruktoren können alle Attribute des Objekts oder auch nur bestimmte Attribute des Objekts entgegennehmen. Wenn der Konstruktor zwingend mit der Übergabe von Attributen programmiert wird, müssen bei der Erzeugung des Objekts auch diese Attribute bestimmt werden. Die Erzeugung des Auto-Objekts ohne festgelegte Eigenschaften funktioniert daher nicht mehr.

Wenn nämlich ein Konstruktor mit definierten Parametern programmiert wurde, gibt es den standardmäßig vorhandenen Leer-Konstruktor nicht mehr. Diesen können wir aber ausdrücklich in der Klasse als weiteren Konstruktor programmieren:

```
public Auto() { }
```

In diesem Fall kann wieder ein Objekt der Klasse Auto erzeugt werden, ohne dass dabei gleichzeitig Attribute bestimmt werden müssen.

Wenn wir bei vorhandenen Konstruktoren mit vordefinierten Parametern wollen, dass auch ein Objekt ohne festgelegte Attribute erzeugt werden kann, muss ein Leer-Konstruktor ausdrücklich definiert werden. Für eine Klasse können beliebig viele Konstruktoren definiert werden.

Es kann auch gewollt sein, dass kein Leer-Konstruktor vorhanden ist, sondern bestimmte Werte eingegeben werden müssen. Das hängt von der Programmlogik ab. Beispielsweise kann auch vorgesehen sein, dass die Attribute Marke, Modell und Baujahr bei der Erzeugung eines Auto-Objekts unbedingt angegeben werden müssen, aber nachträglich nicht mehr geändert werden können. Dazu müssten wir auch die setter-Methoden zu diesen drei Attributen aus dem Code entfernen.

Konsolenausgabe:

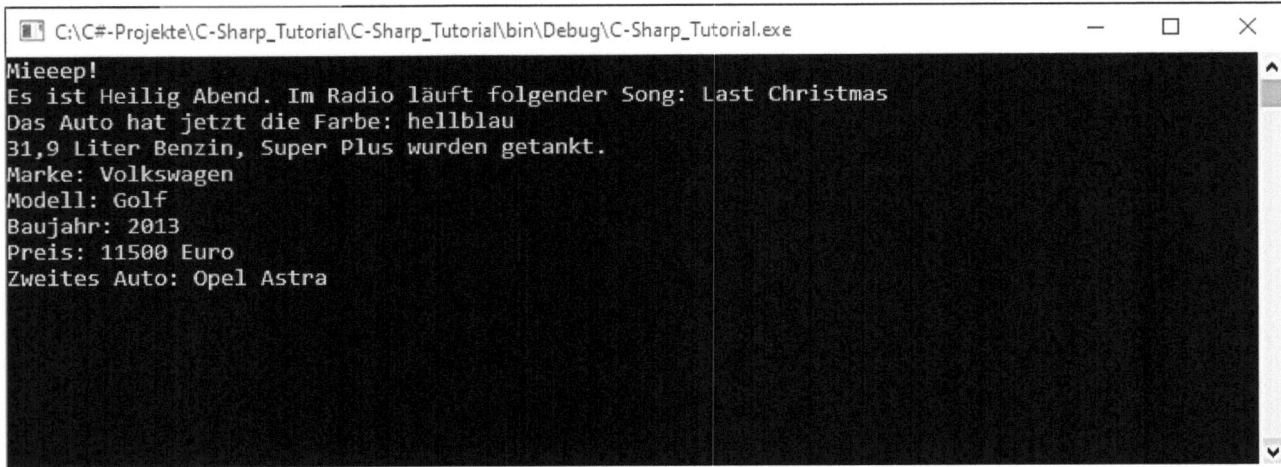

```
C:\C#-Projekte\C-Sharp_Tutorial\C-Sharp_Tutorial\bin\Debug\C-Sharp_Tutorial.exe          —    □    ✕

Mieeep!
Es ist Heilig Abend. Im Radio läuft folgender Song: Last Christmas
Das Auto hat jetzt die Farbe: hellblau
31,9 Liter Benzin, Super Plus wurden getankt.
Marke: Volkswagen
Modell: Golf
Baujahr: 2013
Preis: 11500 Euro
Zweites Auto: Opel Astra
```

3.6 Programmieraufgabe 3

Teil 1:

Erstelle eine Klasse „Hund" mit den Eigenschaften Rasse, Name und Alter. Alle Eigenschaften sollen gekapselt werden. Sorge durch entsprechende Programmierung des Konstruktors dafür, dass schon bei Erzeugung jedes Hund-Objekts zwingend alle Eigenschaften angegeben werden müssen. Der Hund soll über eine Methode „Bellen" verfügen, die eine Konsolenausgabe („Wuff!") erzeugt.

Erzeuge in der Klasse „Program" ein Hund-Objekt. In einer Konsolenausgabe soll das Hund-Objekt seinen Namen, seine Rasse und sein Alter in einem Satz mitteilen. Anschließend soll der Hund bellen.

Teil 2:

Erstelle eine Klasse „Berechnungen". Die Klasse soll über keine Eigenschaften verfügen, sondern nur über eine Methode „Pythagoras". Diese Methode soll die Fläche der Hypotenuse im Quadrat (Seite c im Quadrat) eines rechtwinkligen Dreiecks aus den ihr übergebenen Werten (Seite a und Seite b) zurückgeben.

Satz des Pythagoras: $a^2 + b^2 = c^2$

Parameter der Methode: a und b (jeweils als Gleitkommazahlen)

Rückgabewert der Methode: c^2 (als Gleitkommazahl)

Nachdem die Klasse programmiert wurde, teste die Methode „Pythagoras".

Viel Spass und viel Erfolg!

3.7   Lösungsvorschlag Programmieraufgabe 3

Konsolenausgabe:

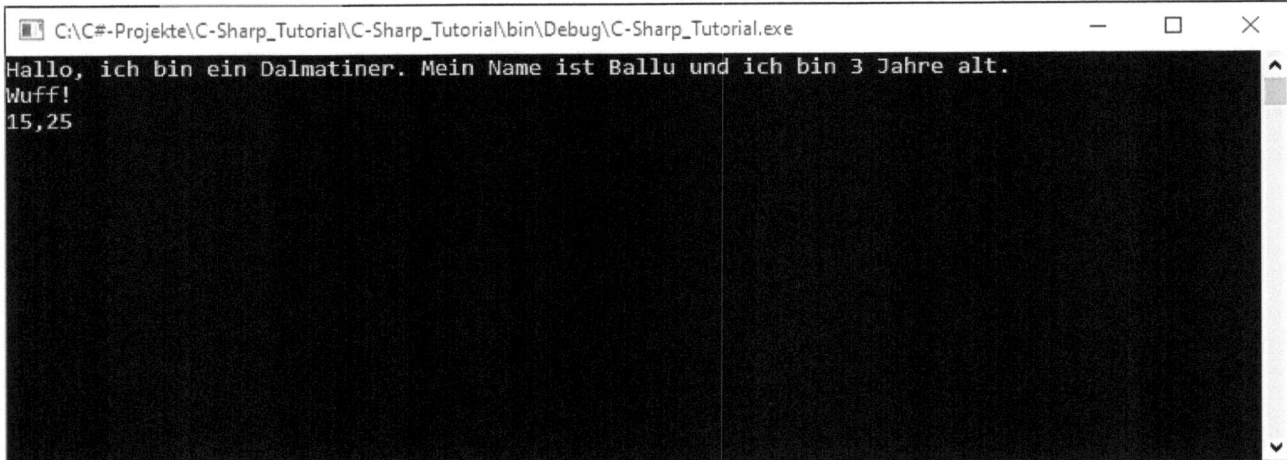

Code:

```
internal class Program {
      static void Main(string[] args) {

            Hund hund1 = new Hund("Dalmatiner", "Ballu", 3);
            Console.WriteLine("Hallo, ich bin ein " + hund1.Rasse + ". Mein
Name ist "
                              + hund1.Name + " und ich bin " + hund1.Alter + "
Jahre alt.");
            hund1.Bellen();

            Berechnungen b = new Berechnungen();
            Console.WriteLine(b.Pythagoras(3, 2.5));

            Console.ReadKey();
      }
}

class Hund {
      public string Rasse { get; set; }
      public string Name { get; set; }
      public int Alter { get; set; }

      public Hund(string rasse, string name, int alter) {
            Rasse = rasse;
            Name = name;
            Alter = alter;
      }

      public void Bellen() {
            Console.WriteLine("Wuff!");
      }
}

class Berechnungen {
      public double Pythagoras(double a, double b) {
            return a * a + b * b;
      }
}
```

4 Kontrollstrukturen

Ein Programm wird erst dann flexibel und interaktiv, wenn es die Möglichkeit bietet, für bestimmte Situationen bestimmte Folgen vorzusehen oder bestimmte Anweisungen auch mehrfach ausführen kann, solange oder bis eine bestimmte Bedingung eingetreten ist.

Hierfür benötigen wir Kontrollstrukturen. Kontrollstrukturen lassen sich unterteilen in Verzweigungen, die bestimmte Anweisungen für den Fall vorsehen, dass eine oder mehrere bestimmte Bedingungen erfüllt sind und Schleifen, mit denen wir bestimmte Anweisungen wiederholt ausführen lassen können.

4.1 If-Verzweigung

Die Grundform der Verzweigungen ist die If-Verzweigung. Diese stellt sicher, dass eine oder mehrere Anweisungen ausgeführt werden, wenn eine Bedingung erfüllt ist (oder mehrere Bedingungen erfüllt sind). Die Verzweigung leiten wir mit dem Schlüsselwort „if" ein und schreiben danach in runde Klammern einen Prüfwert, der wahr sein muss.

Anschließend können wir in geschweifte Klammern Anweisungen schreiben, die erledigt werden, wenn unsere Bedingung erfüllt wurde. Diese Anweisungen sollten eingerückt sein, um den Inhalt der Kontrollstruktur besser von anderen Codezeilen unterscheiden zu können.

Die einfachste Form der If-Verzweigung kann mit einer boolean-Variable, der wir den Wert „true" übergeben, programmiert werden:

```
bool bedingung = true;
if (bedingung) {  // oder: if (bedingung == true) {
    Console.WriteLine("Bedingung erfüllt!");
}
```

In diesem Fall erfolgt die Ausgabe „Die Bedingung ist erfüllt!", weil die Variable „bedingung" den Wert „true" hat.

Häufig verwenden wir bestimmte Vergleiche als Bedingung. In folgendem Beispiel soll eine Ausgabe nur dann erfolgen, wenn eine eingegebene Zahl genau „12" ist. Hierfür nutzen wir die Möglichkeit einer Konsoleneingabe:

```
int zahl;
Console.Write("Bitte gib eine Zahl ein: ");
zahl = int.Parse(Console.ReadLine());

if (zahl == 12) {
    Console.WriteLine("Die Zahl entspricht einem Dutzend.");
}
```

Die If-Verzweigung lässt sich mit einem Else-Zweig verbinden, für den wir das Schlüsselwort „else" verwenden und anschließend einen weiteren Ausgabeanweisungsbereich erzeugen. Hierin sollen Anweisungen ausgeführt werden, wenn die vorher geprüfte Bedingung nicht erfüllt wurde:

```
...
else {
    Console.WriteLine("Die Zahl entspricht nicht einem Dutzend.");
}
```

Im Rahmen einer If-Verzweigung können wir auch mehrere Bedingungen nacheinander prüfen. Hierzu können wir die Schlüsselwörter „else" und „if" in der kombinierten Form verwenden. In der Verzweigung wird dann zunächst die Bedingung im if-Zweig geprüft. Sofern diese nicht erfüllt wurde, wird die Bedingung im else-if-Zweig geprüft. Wir können auch mehrere else-if-Zweige untereinanderschreiben:

```
if (zahl == 12) {
    Console.WriteLine ("Die Zahl entspricht einem Dutzend.");
} else if (zahl < 12) {
    Console.WriteLine ("Die Zahl ist kleiner als ein Dutzend.");
} else {
    Console.WriteLine ("Die Zahl ist größer als ein Dutzend.");
}
```

Konsolenausgabe:

```
C:\C#-Projekte\C-Sharp_Tutorial\C-Sharp_Tutorial\bin\Debug\C-Sharp_Tutorial.exe       —    □    ×
Bedingung erfüllt!
Bitte gib eine Zahl ein: 42
Die Zahl ist größer als ein Dutzend.
```

4.2 Operatoren für Kontrollstrukturen

Für Kontrollstrukturen steht uns eine Vielzahl von Operatoren zur Verfügung, die sich vor allem in die Vergleichsoperatoren und die logischen Operatoren unterteilen.

Die wichtigsten Operatoren für Kontrollstrukturen sind folgende:

Vergleichsoperatoren	
==, !=	Gleich und Ungleich
<, >	Kleiner als, Größer als
<=, >=	Kleiner gleich, Größer gleich
Logische Operatoren	
&&	Und

	(beide Bedingungen müssen erfüllt sein)
||	Oder (mindestens eine der Bedingungen muss erfüllt sein)
^	Exklusives Oder (genau eine der Bedingungen muss erfüllt sein)
!	Logisches nicht
Ternärer Operator	
?:	Kurzform für die If-Verzweigung mit einem Else-Zweig, wenn zwei Werte unterschieden werden sollen. (Bedingung) ? Ausdruck1 : Ausdruck2 Beispiel: int groessereZahl = (x > y) ? x : y;

Das „logische Und", bzw. „logische Oder" verknüpft mehrere Bedingungen miteinander in der Form, dass beim logischen Und beide Bedingungen und beim logischen Oder nur eine der genannten Bedingungen vorliegen muss.

In folgendem Beispiel werden wir die Vergleichsoperatoren „Kleiner gleich" und „Größer gleich", sowie die logischen Operatoren „Und" und „Oder" verwenden:

```
int eingabe;
string mitteilung;
Console.Write("Bitte gib eine Zahl zwischen 1 und 100 ein: ");
eingabe = int.Parse(Console.ReadLine());
if (eingabe >= 1 && eingabe <= 100) {
    mitteilung = "Die Eingabe war korrekt.";
    if (eingabe == 1 || eingabe == 100) {
        mitteilung += " Genau an der Grenze!";
    }
} else {
    mitteilung = "Die Eingabe war nicht korrekt...";
}
Console.WriteLine(mitteilung);
```

Wie wir an diesem Beispiel sehen, kann eine Verzweigung auch in einer Verzweigung programmiert werden.

Den Ungleich-Operator (!=) können wir verwenden, wenn unsere Prüfung darauf abzielt, dass ein bestimmter Vergleich nicht zutrifft. Beispielsweise, wenn wir eine Anweisung vorsehen wollen für den Fall, dass die eingegebene Zahl nicht 42 ist:

```
if (eingabe != 42) {
    Console.WriteLine("Die eingegebene Zahl ist nicht 42.");
}
```

Der logische Nicht-Operator dreht den Wahrheitsgehalt einer Aussage um. Aus true wird somit false und aus false wird true. Eine Bedingung, die an eine boolean-Variable geknüpft ist, ist dann erfüllt, wenn diese Variable den Wert false gespeichert hat:

```
bool bedingung = false;
if (!bedingung) {
      Console.WriteLine("Bedingung: false");
}
```

Der ternäre Operator (Bedingungsoperator) ist eine Schreibvereinfachung. Mit dem ternären Operator können wir in einer Codezeile prüfen, ob eine Bedingung zutrifft und für den Fall, dass diese zutrifft, beispielsweise einer Variablen den gewollten Wert zuweisen. Hierfür müssen wir folgende Syntax beachten:

```
// (Bedingung) ? Ausdruck1 : Ausdruck2
```

Als einfaches Beispiel nehmen wir eine Variable „x" und eine Variable „y", der wir unterschiedliche Werte zuweisen. Der Variablen „groessereZahl" weisen wir den größeren Wert zu:

```
int x = 20;
int y = 15;
int groessereZahl = (x > y) ? x : y;
Console.WriteLine("Die grössere Zahl: " + groessereZahl);
```

Konsolenausgabe:

```
C:\C#-Projekte\C-Sharp_Tutorial\C-Sharp_Tutorial\bin\Debug\C-Sharp_Tutorial.exe

Bitte gib eine Zahl zwischen 1 und 100 ein: 100
Die Eingabe war korrekt. Genau an der Grenze!
Die eingegebene Zahl ist nicht 42.
Bedingung: false
Die grössere Zahl: 20
```

4.3 Switch-Case-Verzweigung

Die Switch-Case-Verzweigung ist eine Alternative zur If-Verzweigung.

Mit der Switch-Case-Verzweigung können wir ebenfalls einen Ausdruck auf bestimmte Werte prüfen und mehrere Zweige (Case-Fälle) vorsehen, für die bestimmte Anweisungen ausgeführt werden sollen.

Die Verzweigung wird mit dem Schlüsselwort „switch" eingeleitet. Anschließend folgt der Ausdruck, der geprüft werden soll. Danach können die vorgesehenen Fälle untereinander mit dem Schlüsselwort „case" und dem entsprechenden Wert, der für den Ausdruck vorliegen soll, definiert werden. Darunter werden die jeweiligen Anweisungen geschrieben. Für den Fall, dass keine der vorgesehenen Fälle vorliegt, können wir einen „default"-Fall vorsehen.

Wir nutzen die Switch-Case-Verzweigung am Beispiel einer Ampel:

```
string ampel = "rot";
switch (ampel) {
      case "rot":
            Console.WriteLine("Warten");
            break;
      case "gelb":
            Console.WriteLine("Bereit halten");
            break;
      case "grün":
            Console.WriteLine("Losfahren!");
            break;
      default:
            Console.WriteLine("Die Ampel funktioniert nicht.");
            break;
}
```

Die break-Anweisungen führen dazu, dass die nachfolgenden Sprungmarken nicht ebenfalls geprüft werden. Um Fehler zu vermeiden, wird die break-Anweisung auch im default-Zweig empfohlen.

Praktisch sinnvoll kann die Switch-Case-Verzweigung beispielsweise dann sein, wenn wir im Code mehrere Auswahlmöglichkeiten vorsehen:

```
Console.WriteLine("Bitte wählen Sie einen Programmpunkt aus: ");
Console.WriteLine("1: Texte verschlüsseln\n2: Lotto spielen\n3: Monopoly");
int eingabe = int.Parse(Console.ReadLine());

switch (eingabe) {
      case 1:
            Console.WriteLine("Texte verschlüsseln gewählt");
            break;
      case 2:
            Console.WriteLine("Lotto spielen gewählt");
            break;
      case 3:
            Console.WriteLine("Monopoly gewählt");
            break;
      default:
            Console.WriteLine("Eingabe fehlerhaft");
            break;
}
```

Konsolenausgabe:

```
C:\C#-Projekte\C-Sharp_Tutorial\C-Sharp_Tutorial\bin\Debug\C-Sharp_Tutorial.exe        —    □    ×

Warten
Bitte wählen Sie einen Programmpunkt aus:
1: Texte verschlüsseln
2: Lotto spielen
3: Monopoly
2
Lotto spielen gewählt
```

4.4 While -Schleife, break und continue

Mit Verzweigungen werden bestimmte Anweisungen im Programmcode nur unter bestimmten Bedingungen ausgeführt. Mit Schleifen werden bestimmte Anweisungen im Programmcode unter bestimmten Bedingungen wiederholt ausgeführt.

In der Programmiersprache C# gibt es mehrere Schleifentypen. Die Grundform der Schleifen ist die While-Schleife, die bestimmte Anweisungen wiederholt, solange die im Kopf der Schleife definierte Bedingung erfüllt ist. Statt „if" für „wenn", müssen wir hier das Schlüsselwort „while" für „solange" verwenden. Folgende While-Schleife wird Zahlen in 10er-Schritten bis einschließlich 100 in der Konsole ausgeben:

```
int x = 10;
while (x <= 100) {
      Console.WriteLine(x);
      x += 10;
}
```

Hinweis: Besonders wichtig in diesem Zusammenhang ist, dafür zu sorgen, dass die Schleife nicht zur Endlosschleife wird (was bei While-Schleifen gerne vergessen wird)!

Schleifen müssen nicht unbedingt von sich aus ohne Unterbrechung komplett durchlaufen. Vor allem die While-Schleife eignet sich gut dafür, eine Benutzerinteraktion in die Schleife einzufügen. Im folgenden Beispiel schaffen wir im Rahmen einer Schleife eine Möglichkeit, einen bestimmten Artikel zu kaufen, solange das Budget hierfür ausreicht:

```
int budget = 10;
int anzahl = 0;
string eingabe;

Console.WriteLine("Bonbons kosten 2 Euro");
while (budget >= 2) {
      Console.WriteLine("Möchtest du Bonbons kaufen? (y für \"Ja\" eingeben)");
      eingabe = Console.ReadLine();
```

```
    if (eingabe.Equals("y") || eingabe.Equals("Y")) {
        anzahl += 1;
        budget -= 2;
```

Schleifen können ebenso wie Switch-Case-Verzweigungen mit dem break-Befehl abgebrochen werden. Diesen nutzen wir für den Fall, dass kein „y" eingegeben wurde:

```
    } else {
        break;
    }
}
Console.WriteLine("Du hast " + anzahl + " Bonbons gekauft.");
```

Mit dem Schlüsselwort „continue" können wir die Schleife mit dem nächsten Durchlauf fortsetzen. Die Anweisungen, die sich nach der „continue"-Anweisung befinden, werden nicht mehr ausgeführt und die Schleife wird mit dem nächsten Durchlauf fortgesetzt. Mit folgender Schleife werden wir die Zahlen 1, 2, 4 und 5 ausgeben; die Ausgabe der Zahl 3 wird übersprungen:

```
int zahl = 0;
while (zahl < 5) {
    zahl += 1;
        if (zahl == 3) {
            continue;
        }
    Console.WriteLine("zahl: " + zahl);
}
```

Hinweis: break- und continue-Anweisungen sind in allen Schleifen-Typen einsetzbar.

Konsolenausgabe:

```
C:\C#-Projekte\C-Sharp_Tutorial\C-Sharp_Tutorial\bin\Debug\C-Sharp_Tutorial.exe        —    □    ×
10
20
30
40
50
60
70
80
90
100
Bonbons kosten 2 Euro
Möchtest du Bonbons kaufen? (y für "Ja" eingeben)
y
Möchtest du Bonbons kaufen? (y für "Ja" eingeben)
Y
Möchtest du Bonbons kaufen? (y für "Ja" eingeben)
n
Du hast 2 Bonbons gekauft.
zahl: 1
zahl: 2
zahl: 4
zahl: 5
```

4.5 Do-While-Schleife

Die Do-While-Schleife ist ein weiterer Schleifentyp. Im Gegensatz zur While-Schleife wird hier die Bedingung für den Schleifendurchlauf erst im Fuß der Schleife geprüft. Die Do-While-Schleife wird damit immer mindestens einmal durchlaufen, anschließend weiter durchlaufen, solange die Bedingung erfüllt ist. Die Do-While-Schleife macht beispielsweise in den Fällen Sinn, wo mindestens eine Eingabe erfolgen soll. Wir nutzen die Do-While-Schleife für eine Quiz-Frage:

```
string eingabe;
int versuche = 0;
do {
    Console.WriteLine("Wie heisst die Hauptstadt von Frankreich?");
    eingabe = Console.ReadLine();
    if (eingabe.Equals("Paris")) {
        Console.WriteLine("Die Antwort war korrekt!");
        break;
    } else {
        Console.WriteLine("Die Antwort war falsch!");
    }
    versuche += 1;
} while (versuche < 3);
```

Konsolenausgabe:

```
C:\C#-Projekte\C-Sharp_Tutorial\C-Sharp_Tutorial\bin\Debug\C-Sharp_Tutorial.exe
Wie heisst die Hauptstadt von Frankreich?
Madrid
Die Antwort war falsch!
Wie heisst die Hauptstadt von Frankreich?
London
Die Antwort war falsch!
Wie heisst die Hauptstadt von Frankreich?
Paris
Die Antwort war korrekt!
```

4.6 Programmieraufgabe 4

Programmiere ein Quiz!

Gebe nacheinander 3 einfache Mathematikaufgaben und anschließend 2 allgemeine Fragen (z. B. „Wie heisst die Landeshauptstadt von Bayern?" oder „Aus wie vielen Bundesländern besteht Deutschland?") aus.

Jedes Mal, wenn die richtige Antwort eingegeben wurde, soll die Punktzahl um 1 erhöht werden. Das Quiz ist mit 4 (von 5) Punkten gewonnen.

Nachdem alle Fragen gestellt wurden, soll eine Punkteauswertung erfolgen.

Bei 5 Punkten soll mitgeteilt werden, dass die volle Punktzahl erreicht wurde, bei 4 Punkten soll eine andere Erfolgsmeldung kommen. Ansonsten soll die Punkteanzahl mitgeteilt werden mit der Bitte, es noch einmal zu versuchen.

Wenn nicht die volle Punktzahl (5 Punkte) erreicht wurde, soll das Programm fragen, ob ein neuer Versuch gewünscht ist. Wenn „y" oder „Y" eingegeben wurde, soll das Quiz insgesamt erneut gestartet werden, anderenfalls nicht.

Tipp: Der gesamte Programmablauf sollte in eine Schleife eingebunden werden.

Viel Spass und viel Erfolg!

4.7 Lösungsvorschlag Programmieraufgabe 4

Konsolenausgabe:

```
C:\C#-Projekte\C-Sharp_Tutorial\C-Sharp_Tutorial\bin\Debug\C-Sharp_Tutorial.exe        —    □    ×

### Willkommen im Quiz ###
Jede richtige Antwort gibt einen Punkt. Mit 4 Punkten gewinnen Sie das Quiz.
3 + 12 = 15
15 X 4 = 60
33 / 3 = 11
Wie heisst die Landeshauptstadt von Bayern?
Muenchen
Aus wie vielen Bundesländern besteht Deutschland?
11
Anzahl Punkte: 4
Gratuliere, Sie haben 4 Punkte erreicht!
Erneut versuchen? ("y" für Ja eingeben)
n
Bis zum nächsten Mal.
```

Code:

```
static void Main(string[] args) {

        int punkte = 0;
        string antwort;

        do {
                punkte = 0;

                Console.WriteLine("### Willkommen im Quiz ###");
                Console.WriteLine("Jede richtige Antwort gibt einen Punkt. "
                                + "Mit 4 Punkten gewinnen Sie das Quiz.");

                Console.Write("3 + 12 = ");
                antwort = Console.ReadLine();
                if (antwort.Equals("15")) {
                        punkte += 1;
                }
                Console.Write("15 X 4 = ");
                antwort = Console.ReadLine();
                if (antwort.Equals("60")) {
                        punkte += 1;
                }
                Console.Write("33 / 3 = ");
                antwort = Console.ReadLine();
                if (antwort.Equals("11")) {
                        punkte += 1;
                }

                Console.WriteLine("Wie heisst die Landeshauptstadt von Bayern?");
                antwort = Console.ReadLine();
                if (antwort.Equals("München") || antwort.Equals("Muenchen")) {
                        punkte += 1;
                }
                Console.WriteLine("Aus    wie    vielen    Bundesländern    besteht
Deutschland?");
                antwort = Console.ReadLine();
                if (antwort.Equals("16")) {
                        punkte += 1;
                }

                Console.WriteLine("Anzahl Punkte: " + punkte);
                if (punkte == 5) {
                        Console.WriteLine("Herzlichen  Glückwunsch!  Sie  haben  die
volle "
                                        + "Punktzahl erreicht!");
                } else if (punkte == 4) {
                        Console.WriteLine("Gratuliere,     Sie     haben     4     Punkte
erreicht!");
                        Console.WriteLine("Erneut     versuchen?     (\"y\"     für     Ja
eingeben)");
                        antwort = Console.ReadLine();
                        if (!antwort.Equals("y") && !antwort.Equals("Y")) {
                                Console.WriteLine("Bis zum nächsten Mal.");
                                break;
                        }
                } else {
```

```
                    Console.WriteLine("Sie  haben  "  +  punkte  +  "  Punkt(e)
erreicht. "
                                    + "Versuchen Sie es noch einmal.");
                    Console.WriteLine("Erneut    versuchen?    (\"y\"    für    Ja
eingeben)");

                    antwort = Console.ReadLine();
                    if (!antwort.Equals("y") && !antwort.Equals("Y")) {
                            Console.WriteLine("Bis zum nächsten Mal.");
                            break;
                    }
            }

        } while (punkte < 5);

        Console.ReadKey();
}
```

4.8 For-Schleife

Neben der While-Schleife und der Do-While-Schleife steht uns mit der For-Schleife ein grundsätzlich anderer Schleifentyp zur Verfügung.

Die For-Schleife eignet sich vor allem für die Anwendung in Programmcodes, in denen wir schon wissen oder vorher festgelegt haben, wie oft die Schleife durchlaufen wird, bzw. an welcher Stelle diese genau endet.

Die For-Schleife wird so definiert, dass sich die Zählvariable selbst, sowie die Anzahl der Schleifendurchläufe aus dem Kopf der Schleife ergibt. Bei der For-Schleife wird schon im Kopf der Schleife eine Zählvariable definiert, die bestimmt, wie viele Male die Schleife durchlaufen wird, bis diese beendet wird. Grundsätzlich wird die Zählvariable „i" genannt. Anschließend wird bestimmt, welchen Wert die Zählvariable haben muss, damit die Schleife weiter durchlaufen wird, sowie die Schrittgröße mit jedem Schleifendurchlauf.

Wir programmieren eine For-Schleife, die die Zählvariable ausgibt, bis diese die Zahl 9 erreicht:

```
Console.WriteLine("Erste Schleife:");
for (int i = 0; i < 10; i++) {
    Console.WriteLine(i);
}
```

Die Ausgabe des Zählers von 1 bis 10 bewirkt folgende For-Schleife:

```
Console.WriteLine("Zweite Schleife:");
for (int i = 1; i <= 10; i++) {
    Console.WriteLine(i);
}
```

Grundsätzlich wird die Schrittgröße durch das Inkrement auf 1 festgelegt. Die Änderung der Schrittgröße in der nächsten For-Schleife bewirkt die Ausgabe in 2er-Schritten:

```
Console.WriteLine("Dritte Schleife:");
for (int i = 1; i <= 10; i += 2) {
    Console.WriteLine(i);
}
```

Der Vorteil bei der For-Schleife liegt auch darin, dass wir die Erhöhung der Zählvariablen schon im Kopf der Schleife festlegen müssen und damit eine Endlosschleife automatisch vermeiden.

Beachten müssen wir hierbei, dass die Zählvariable „i" in diesem Fall nur innerhalb der Schleife benutzt werden kann. Wenn wir also der Variablen „i" nach der Schleife einen Wert zuweisen würden, würde dieser Code einen Fehler erzeugen. Ebenso erzeugen wir einen Fehler, wenn wir die Zählvariable „i" vor der For-Schleife deklarieren, weil die Variable „i" mit der Initialisierung im Kopf der Schleife zum zweiten Mal deklariert wird.

Konsolenausgabe:

```
C:\C#-Projekte\C-Sharp_Tutorial\C-Sharp_Tutorial\bin\Debug\C-Sharp_Tutorial.exe        —    □    ×
Erste Schleife:
0
1
2
3
4
5
6
7
8
9
Zweite Schleife:
1
2
3
4
5
6
7
8
9
10
Dritte Schleife:
1
3
5
7
9
```

4.9 Verschachtelte For-Schleife

Schleifen können in Schleifen verwendet, bzw. verschachtelt werden, wie If-Verzweigungen auch, bei denen eine oder mehrere Verzweigungen in einer Verzweigung genutzt werden können. Wir nutzen dieses Prinzip in folgendem Beispiel, in dem das „Kleine Ein-Mal-Eins" in der Konsole ausgegeben wird.

Hierbei wird eine äußere Schleife gebildet, die für die jeweiligen Zeilen steht:

```
// äußere Schleife
for (int i = 1; i <= 10; i++) {
```

In dieser Schleife wird eine weitere Schleife gebildet, die eine weitere Zählvariable benötigt. In diesem Fall verwenden wir die Variable „j". In der inneren Schleife wird die Berechnung „i * j" durchgeführt und nach dem jeweiligen Ergebnis ein Tabulator-Abstand eingefügt:

```
    // innere Schleife
    for (int j = 1; j <= 10; j++) {
        Console.Write (i * j + "\t");
    }
```

Nachdem die erste Zeile (i = 1, j von 1 bis 10) durchlaufen wurde, wird ein Zeilensprung erzeugt. Danach wird die Zählvariable „i" erst um 1 erhöht. Die innere Schleife läuft also 10 Mal durch, während die äußere Schleife nur 1 Mal durchläuft:

```
        Console.WriteLine();
}
```

Tipp: Die Programmierlogik kann besser nachvollzogen werden, wenn das Programm in Einzelschritten durchgeführt wird. Dazu können wir mit Rechtsklick einen Breakpoint neben die „Console.WriteLine()"-Befehlszeile setzen und das Programm mit der Taste F5 Schleifenweise durchlaufen.

Konsolenausgabe:

C:\C#-Projekte\C-Sharp_Tutorial\C-Sharp_Tutorial\bin\Debug\C-Sharp_Tutorial.exe	— □ ✕

1	2	3	4	5	6	7	8	9	10
2	4	6	8	10	12	14	16	18	20
3	6	9	12	15	18	21	24	27	30
4	8	12	16	20	24	28	32	36	40
5	10	15	20	25	30	35	40	45	50
6	12	18	24	30	36	42	48	54	60
7	14	21	28	35	42	49	56	63	70
8	16	24	32	40	48	56	64	72	80
9	18	27	36	45	54	63	72	81	90
10	20	30	40	50	60	70	80	90	100

5 Datenstrukturen

Datenstrukturen benötigen wir dann, wenn wir mehrere Werte oder Objekte gemeinsam speichern wollen. Wenn unser Programm beispielsweise eine Reihe von Zahlen oder Zeichenketten speichern und weiterverarbeiten soll, können wir für jede einzelne Zahl eine Variable verwenden (bspw. zahlEins, zahlZwei, zahlDrei, usw.). Dabei würden wir eine Unmenge an Code benötigen. Außerdem wäre es für den Programmierer sehr unpraktisch, wenn für ein Programm, welches vielleicht sogar mehrere hundert oder tausend Zahlen speichern und verarbeiten soll, jede Zahl über eine einzelne Variable selbst anzusprechen. Statt für jede Zahl eine eigene Variable zu deklarieren, können wir die benötigten Zahlen in eine Datenstruktur speichern.

5.1 Eindimensionale Arrays

Der „Standard-Typ" zur Speicherung mehrerer Werte in einer Datenstruktur ist das Array.

Deklaration und Initialisierung eines Arrays gestalten sich anders als bei Variablen. Hier gibt es zwei Möglichkeiten.

Die erste Möglichkeit besteht darin, das Array mit der Deklaration in der gleichen Codezeile zu initialisieren. Hierbei wird der Datentyp der Werte, die das Array speichern soll, vorangestellt. Anschließend folgt eine eckige Klammer, die darauf hinweist, dass es sich hierbei um ein Array handelt:

```
// Array-Deklaration mit Initialisierung
int[]
```

Danach wird der Name des Arrays bestimmt:

```
int[] ersteZahlen
```

Anschließend wird das Array sofort initialisiert. Die einzutragenden Werte werden hierbei in geschweifte Klammern, getrennt von einem Komma, geschrieben:

```
int[] ersteZahlen = {1, 2, 3, 4};
```

Die erste Möglichkeit, ein Array zu erzeugen, funktioniert natürlich nur, wenn von vornherein feststeht, welche und wie Viele Werte das Array speichern soll. Dabei müssen die im Array enthaltenen Werte immer dem gleichen Datentyp entsprechen. Beispielsweise kann unser Array nicht die Zahl 4,5 speichern:

```
int[] ersteZahlen = {1, 2, 3, 4.5}; // führt zu Fehlermeldung
```

Für den Fall, dass die Elemente des Arrays nicht gleich feststehen, sondern ggf. erst zur Programmlaufzeit beispielsweise durch eine Nutzereingabe, o. ä. in das Array gespeichert werden sollen, gibt es die zweite Möglichkeit, ein Array zu erschaffen. Hierbei wird das Array zunächst deklariert. Dabei muss die maximale Anzahl von Werten, die in das Array gespeichert werden kann, bestimmt werden.

```
// Array-Deklaration ohne Initialisierung
int[] zweiteZahlen = new int[4];
```

Arrays werden in C# wie Objekte behandelt. Deshalb wird bei der Deklaration eines Arrays das Schlüsselwort „new" verwendet.

In das Array „zweiteZahlen" können wir nun 4 Zahlen speichern. Weil der Index eines Arrays bei 0 beginnt, können 4 mögliche Felder angesprochen werden. Die Initialisierung mit den Werten 2, 4, 6 und 8 geschieht wie folgt:

```
zweiteZahlen[0] = 2;
zweiteZahlen[1] = 4;
zweiteZahlen[2] = 6;
zweiteZahlen[3] = 8;
```

Arrays haben eine festgelegte Größe. Das Array „zweiteZahlen" ist für 4 Zahlen dimensioniert. Das Einfügen einer fünften Zahl in das Array würde also zu einer Fehlermeldung zur Programmlaufzeit führen:

```
zweiteZahlen[4] = 10;    // führt zu Laufzeitfehler
```

Wenn wir die einzelnen Werte eines Arrays verwenden wollen, sprechen wir diese gleich wie bei der Initialisierung über den Index an:

```
Console.WriteLine(zweiteZahlen[2]);
```

Werte des Arrays können wir wie Variablen verwenden, beispielsweise für Berechnungen oder für die Wertzuweisung an eine andere Variable:

```
int ergebnis;
ergebnis = zweiteZahlen[1] + zweiteZahlen[2];
Console.WriteLine(ergebnis);
```

Werte eines Arrays können wir durch die Angabe des Index und der Zuweisung des Wertes nach dem Gleichheitszeichen abändern:

```
zweiteZahlen[3] = 12;
Console.WriteLine(zweiteZahlen[3]);
```

Die Anzahl an Werten im Array ist in der Eigenschaft „Length" gespeichert:

```
Console.WriteLine("Anzahl Elemente im zweiten Array: " + zweiteZahlen.Length);
```

Arrays können abhängig von einer Nutzereingabe dimensioniert werden:

```
Console.WriteLine("Wie viele Zahlen sollen in unser Array gespeichert
werden?");
int eingabe = int.Parse(Console.ReadLine());
int[] zahlen = new int[eingabe];
```

```
Console.WriteLine("Das Array enthält Platz für " + zahlen.Length + " Werte.");
```

Die Größe von eindimensionalen Arrays kann mit der „Resize"-Methode nachträglich geändert werden. Die Methode stammt von der Klasse „Array". Unser Array können wir damit beispielsweise um drei weitere Zahlen erweitern:

```
Array.Resize(ref zweiteZahlen, zweiteZahlen.Length + 3);
zweiteZahlen[4] = 10;
zweiteZahlen[5] = 12;
zweiteZahlen[6] = 14;
Console.WriteLine(zweiteZahlen[6]);
```

Mit der Resize-Methode lässt sich unser Array auch auf die Größe von drei Elementen schrumpfen. Die Indexwerte 0, 1 und 2 werden damit beibehalten, die restlichen Werte werden gelöscht:

```
Array.Resize(ref zweiteZahlen, 3);
Console.WriteLine(zweiteZahlen[2]);
```

Konsolenausgabe:

```
C:\C#-Projekte\C-Sharp_Tutorial\C-Sharp_Tutorial\bin\Debug\C-Sharp_Tutorial.exe      —   □   ✕
6
10
12
Anzahl Elemente im zweiten Array: 4
Wie viele Zahlen sollen in unser Array gespeichert werden?
3
Das Array enthält Platz für 3 Werte.
14
6
```

5.2 Mehrdimensionale Arrays

In der Programmiersprache C# besteht die Möglichkeit, mehrdimensionale Arrays zu erstellen. Meistens wird das zweidimensionale Array verwendet, welches man sich wie eine Matrix oder auch Tabelle vorstellen kann. Konkret bedeutet das, dass jede Dimension in einer zweidimensionalen Matrix ebenfalls ein Array enthält.

Im folgenden Beispielsfall erschaffen wir ein zweidimensionales Array, in dem jedes Array der ersten Dimension ein Array bestehend aus vier Zahlen enthält. Die Zahlen sollen aus einer Tabelle in das Array eingefügt werden:

```
int[,] zahlenMatrix = new int[2,4];
```

```
// Erste Zeile befüllen
zahlenMatrix[0,0] = 2;
zahlenMatrix[0,1] = 4;
zahlenMatrix[0,2] = 6;
zahlenMatrix[0,3] = 8;

// Zweite Zeile befüllen
zahlenMatrix[1,0] = 3;
zahlenMatrix[1,1] = 6;
zahlenMatrix[1,2] = 9;
zahlenMatrix[1,3] = 12;
```

Die Werte können wir durch Angabe beider Indexwerte nutzen, wie im folgenden Beispiel:

```
int ergebnis = zahlenMatrix[0, 0] + zahlenMatrix[0, 1];
Console.WriteLine(ergebnis);
```

Mehrdimensionale Arrays können direkt bei der Erzeugung initialisiert werden. Hierbei werden die zu speichernden Werte in zwei geschweifte Klammern geschrieben:

```
int[,] unsereZahlen = { { 10, 20, 30, 40 }, { 20, 40, 60, 80 } };
Console.WriteLine(unsereZahlen[1,1]);
```

Mehrdimensionale Arrays müssen innerhalb der letzten Dimension immer die gleiche Anzahl an Elementen beinhalten. Eine Initialisierung eines zweidimensionalen Arrays mit 4 Werten in der ersten Zahlenreihe und 3 Werten in der zweiten wäre also nicht möglich:

```
// führt zu Fehlermeldung
int[,] unsereZahlen = { { 10, 20, 30, 40 }, { 20, 40, 60 } };
```

Arrays können auch aus mehr als zwei Dimensionen bestehen. Die Anzahl der Kommas auf der Deklarationsseite in den eckigen Klammern bestimmt dabei die Anzahl der Dimensionen. Die Deklaration und Initialisierung eines dreidimensionalen Arrays erzeugt folgender Code:

```
int[,,] dreiDimArray = { { { 1, 2, 3 }, { 2, 4, 6 } }, { { 3, 6, 9 }, { 4, 8,
12 } } };
```

Die Zahl „9" geben wir hier mit folgendem Code aus:

```
Console.WriteLine(dreiDimArray[1, 0, 2]);
```

Konsolenausgabe:

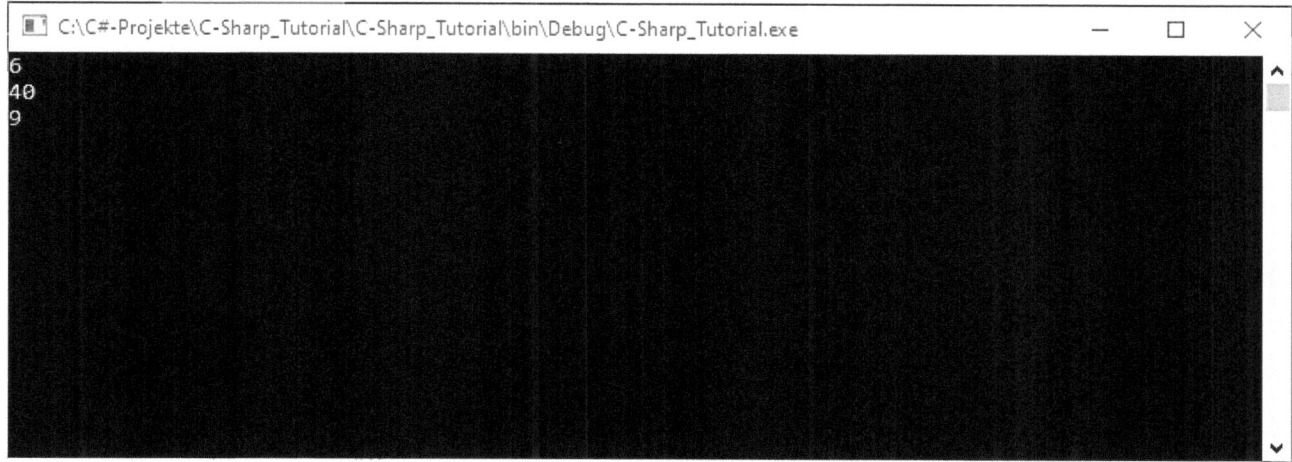

5.3 Arrays und For-Schleifen

Für das Befüllen von Arrays mit festgelegten Werten ist die For-Schleife sehr geeignet und kann uns dabei helfen, eine Menge an Code einzusparen.

Wenn wir ein Array aus 5 Zahlen mit der Zahlenreihe von 1 bis 5 füllen wollen, können wir die Initialisierung mit der For-Schleife wie folgt umsetzen:

```
int[] ersteZahlen = new int[5];
for (int i = 1; i <= 5; i++) {
        ersteZahlen[i – 1] = i;
}
```

In diesem Fall initialisieren wir die Zählvariable „i" mit dem Wert 1. Beachten müssen wir dann, dass der Index des Arrays bei „0" beginnt. In der eckigen Klammer muss die Zählvariable „i" also um 1 reduziert werden.

Anders konstruiert werden müsste die Schleife dann, wenn wir „i" bei 0 beginnen lassen wollen. Dann wäre die Index-Obergrenze des Arrays bei „i = 4" erreicht. Die Zählvariable müsste hier also kleiner als 5 sein. Die Variable „i" kann dann im Array-Index direkt verwendet, muss dann als zugewiesener Wert rechts des Gleichheitszeichens aber um 1 erhöht werden:

```
for (int i = 0; i < 5; i++) {
        ersteZahlen[i] = i + 1;
}
```

Die Ausgabe des Arrays per For-Schleife ist am praktischsten, wenn „i" bei 0 beginnt und die Begrenzung „kleiner als die Anzahl der Werte" hat. In diesem Fall haben wir immer den gleichen Schleifenkopf wie den zuletzt beim Befüllen des Arrays genutzten, unabhängig davon, welche Werte im Array stehen oder ob dieses überhaupt per For-Schleife befüllt wurde:

```
for (int i = 0; i < ersteZahlen.Length; i++) {
        Console.WriteLine(ersteZahlen[i]);
}
```

Häufiger (logischer) Fehler bei dieser flexiblen Form der Ausgabe des Array ist die Begrenzung der Schleifendurchläufe mit „<= *arrayName*.Length".

Die For-Schleife eignet sich auch sehr gut, um Arrays mit weiteren Zahlenreihen in festgelegten Schrittgrößen zu befüllen. Beispielsweise lässt sich das Array mit Zahlen in 5er-Schritten befüllen:

```
for (int i = 0; i < 5; i++) {
    ersteZahlen[i] = i * 5;
}
```

Wenn wir die Zahlenreihe bei 5, statt bei 0 beginnen lassen wollen, können wir die For-Schleife in leicht abgeänderter Form programmieren:

```
for (int i = 0; i < 5; i++) {
    ersteZahlen[i] = (i + 1) * 5;
}
```

Mithilfe einer verschachtelten For-Schleife können wir das „Kleine Ein-Mal-Eins" auch in ein zweidimensionales Array gespeichert werden:

```
int[,] zahlenMatrix = new int[10, 10];
for (int i = 0; i < 10; i++) {
    for (int j = 0; j < 10; j++) {
        zahlenMatrix[i, j] = (i + 1) * (j + 1);
    }
}
```

Die Ausgabe per For-Schleife können wir wie folgt programmieren:

```
for (int i = 0; i < 10; i++) {
    for (int j = 0; j < 10; j++) {
        Console.Write(zahlenMatrix[i, j] + "\t");
    }
    Console.WriteLine();
}
```

Konsolenausgabe:

```
C:\C#-Projekte\C-Sharp_Tutorial\C-Sharp_Tutorial\bin\Debug\C-Sharp_Tutorial.exe        —   □   ×
1
2
3
4
5
1
2
3
4
5
1    2    3    4    5    6    7    8    9    10
2    4    6    8    10   12   14   16   18   20
3    6    9    12   15   18   21   24   27   30
4    8    12   16   20   24   28   32   36   40
5    10   15   20   25   30   35   40   45   50
6    12   18   24   30   36   42   48   54   60
7    14   21   28   35   42   49   56   63   70
8    16   24   32   40   48   56   64   72   80
9    18   27   36   45   54   63   72   81   90
10   20   30   40   50   60   70   80   90   100
```

5.4 Listen

Eine Liste ist eine Datenstruktur, die einem Array ähnlich ist, sich aber in einigen wichtigen Punkten unterscheidet.

Listen sind moderner und für die Programmierung „komfortabler" als Arrays, wenn wir die einzelnen Daten verarbeiten oder auswerten wollen. Hierfür stehen nämlich einige sehr praktische Methoden zur Verfügung, von denen wir einige wichtige gleich kennenlernen werden. Einer der wichtigsten Punkte ist, dass Listen von vornherein eine dynamische Speichergröße haben. Arrays lassen sich zwar mit der Resize-Methode aus der Klasse „Array" auch vergrößern oder verkleinern, sind aber grundsätzlich für eine fixe Größe konzipiert.

Arrays sind dagegen grundsätzlich effizienter als Listen, was bei sehr großen Datenmengen bedeutend sein kann.

Bevor wir mit Listen arbeiten können, ist die Importanweisung

```
using System.Collections.Generic;
```

erforderlich.

Eine Liste wird mit dem einleitenden Wort „List" und der Angabe, von welchem Datentyp die Elemente der Liste sein werden, erstellt. Der Datentyp wird in eckige Klammer geschrieben. Danach folgt der Name der Liste und die Initialisierung mit „new List" und dem entsprechenden Datentyp:

```
List<string> hauptstadtListe = new List<string>();
```

Elemente können mit der „Add"-Methode an das Ende der Liste hinzugefügt werden:

```
hauptstadtListe.Add("Berlin");
hauptstadtListe.Add("Paris");
hauptstadtListe.Add("Rom");
hauptstadtListe.Add("Amsterdam");
```

Elemente der Liste werden wie bei Arrays mit Angabe des Index in eckigen Klammern angesprochen:

```
Console.WriteLine(hauptstadtListe[0]);
```

Elemente können wir wie bei Variablen durch erneute Wertzuweisung inhaltlich ändern:

```
Console.WriteLine(hauptstadtListe[2]);
hauptstadtListe[2] = "Madrid";
Console.WriteLine(hauptstadtListe[2]);
```

Die Anzahl der Elemente ist in der „Count"-Eigenschaft gespeichert:

```
Console.WriteLine("Die Liste enthält " + hauptstadtListe.Count + " Städte.");
```

Unsere Hauptstädte können wir alphabetisch nach Anfangsbuchstaben sortieren:

```
hauptstadtListe.Sort();
Console.WriteLine(hauptstadtListe[0]
            + ", " + hauptstadtListe[1]
            + ", " + hauptstadtListe[2]
            + ", " + hauptstadtListe[3]);
```

Die Reihenfolge können wir mit der „Reverse"-Methode auch komplett umkehren:

```
hauptstadtListe.Reverse();
Console.WriteLine(hauptstadtListe[0]
            + ", " + hauptstadtListe[1]
            + ", " + hauptstadtListe[2]
            + ", " + hauptstadtListe[3]);
```

Ob ein Element in der Liste enthalten ist, lässt sich mit der „Contains"-Methode feststellen:

```
if (hauptstadtListe.Contains("Berlin")) {
    Console.WriteLine("Berlin ist in der Liste.");
}
```

Elemente können wir auf verschiedene Arten entfernen:

```
hauptstadtListe.Remove("Amsterdam");
Console.WriteLine(hauptstadtListe[0]);
hauptstadtListe.RemoveAt(0);
Console.WriteLine(hauptstadtListe[0]);
hauptstadtListe.Clear();
Console.WriteLine("Die Liste enthält " + hauptstadtListe.Count + " Städte.");
```

Bei Arrays ist die Initialisierung mit Werten in einer geschweiften Klammer möglich. Wenn wir bei Listen für jedes Element eine Zeile Code schreiben müssten, wäre das sehr unpraktisch. Eine Liste können wir auch durch Umwandlung eines Arrays mit der „ToList"-Methode erstellen:

```
List<int> zahlenListe = new[] { 1, 2, 3, 4, 5 }.ToList();
Console.WriteLine("Erste Zahl: " + zahlenListe[0]);
```

Konsolenausgabe:

```
C:\C#-Projekte\C-Sharp_Tutorial\C-Sharp_Tutorial\bin\Debug\C-Sharp_Tutorial.exe                    —    □    ✕
Berlin
Rom
Madrid
Die Liste enthält 4 Städte.
Amsterdam, Berlin, Madrid, Paris
Paris, Madrid, Berlin, Amsterdam
Berlin ist in der Liste.
Paris
Madrid
Die Liste enthält 0 Städte.
Erste Zahl: 1
```

5.5 Dictionaries

Ein Dictionary ist eine Datenstruktur, die sich von einem Array und einer Liste sehr deutlich unterscheidet. Die Elemente in einem Dictionary sind nach „keys" und „values", zu Deutsch Schlüsseln und Werten unterteilt.

Um auf einen Wert zuzugreifen, muss damit der entsprechende Schlüssel genannt werden. Das kann wie bei Arrays und Listen ein Indexwert wie eine Zahl sein, kann aber beispielsweise auch ein Name sein. Dictionaries lassen sich am ehesten mit einem Telefonbuch vergleichen, bei dem über einen Namen auf eine Telefonnummer zugegriffen werden kann. Wir werden ein Dictionary zur Speicherung von Adressen verwenden.

Bevor wir mit Listen arbeiten können, ist auch für das Dictionary die Importanweisung

```
using System.Collections.Generic;
```

erforderlich.

Ein Dictionary wird mit dem einleitenden Wort „Dictionary" und der Angabe, von welchen Datentypen die Elemente des Dictionary sein werden (für keys und values können unterschiedliche Datentypen verwendet werden), erstellt. Die Datentypen, zuerst für die keys und dann die values, werden in eckige Klammer geschrieben. Danach folgt der Name und die Initialisierung:

```
Dictionary<string, string> adressen = new Dictionary<string, string>();
```

Elemente können dem Dictionary mit der „Add"-Methode hinzugefügt werden, wobei zuerst die keys und anschließend die values genannt werden müssen:

```
adressen.Add("Günter Weber", "Fichtenweg 292, 89150 Laichingen");
adressen.Add("Lisa Schulze", "Eichenstrasse 145, 95179 Schauenstein");
adressen.Add("Anton Lehmann", "Heckenweg 21, 49610 Quakenbrück");
```

Elemente des Dictionary können mit dem Indexer angesprochen werden:

```
Console.WriteLine(adressen["Günter Weber"]);
```

Für den Fall, dass der key nicht vorhanden, bzw. falsch geschrieben ist, bietet die Klasse „Dictionary" die Methode „TryGetValue" an, die gerade bei keys, die aus Namen bestehen, sehr hilfreich sein kann. Der Zugriff auf den Wert ist hierbei etwas komplizierter:

```
string ausgabe;
adressen.TryGetValue("Günter Weber", out ausgabe);
Console.WriteLine(ausgabe);
```

Elemente können wir durch erneute Wertzuweisung inhaltlich ändern:

```
adressen["Günter Weber"] = "Fichtenweg 192, 89150 Laichingen";
Console.WriteLine(adressen["Günter Weber"]);
```

Die Anzahl der Elemente ist in der „Count"-Eigenschaft gespeichert:

```
Console.WriteLine("Es sind " + adressen.Count + " Adressen gespeichert.");
```

Ob ein Element in einem Dictionary enthalten ist, lässt sich sehr mit den „ContainsKey"- und „ContainsValue"-Methoden feststellen:

```
string name = "Günter Weber";
string anschrift = "Fichtenweg 192, 89150 Laichingen";
```

Wenn wir prüfen wollen, ob ein Schlüssel gespeichert ist, nutzen wir die „ContainsKey"-Methode:

```
if (adressen.ContainsKey(name)) {
    Console.WriteLine(name + " ist gespeichert");
}
```

Wenn wir prüfen wollen, ob ein Wert gespeichert ist, nutzen wir die „ContainsValue"-Methode:

```
if (adressen.ContainsValue(anschrift)) {
    Console.WriteLine(anschrift + " ist gespeichert");
}
```

Einzelne Elemente können wir mit der „Remove"-Methode, alle Elemente insgesamt mit der „Clear"-Methode entfernen:

```
adressen.Remove(name);
Console.WriteLine("Es sind " + adressen.Count + " Adressen gespeichert.");
adressen.Clear();
Console.WriteLine("Es sind " + adressen.Count + " Adressen gespeichert.");
```

Konsolenausgabe:

```
C:\C#-Projekte\C-Sharp_Tutorial\C-Sharp_Tutorial\bin\Debug\C-Sharp_Tutorial.exe          —    □    ×
Fichtenweg 292, 89150 Laichingen
Fichtenweg 292, 89150 Laichingen
Fichtenweg 192, 89150 Laichingen
Es sind 3 Adressen gespeichert.
Günter Weber ist gespeichert
Fichtenweg 192, 89150 Laichingen ist gespeichert
Es sind 2 Adressen gespeichert.
Es sind 0 Adressen gespeichert.
```

5.6 Foreach-Schleife

Foreach-Schleifen sind ein Schleifentyp, der für das Durchlaufen von Arrays und anderen Datenstrukturen ausgelegt ist und hierfür eine einfachere Syntax als beispielsweise die For-Schleife ermöglicht.

Für unser erstes Beispiel erschaffen wir ein Array und initialisieren dieses mit Ganzzahlen:

```
int[] zahlen = { 1, 2, 3, 4, 5 };
```

Das Array durchlaufen wir mit der Foreach-Schleife und zum Vergleich mit der For-Schleife:

```
Console.WriteLine("Durchlauf Array:");
foreach (int zahl in zahlen) {
     Console.WriteLine(zahl);
}
for (int i = 0; i < zahlen.Length; i++) {
     Console.WriteLine(zahlen[i]);
}
```

In unserem zweiten Beispiel durchlaufen wir eine Liste. Das Array wandeln wir hierfür in eine Liste um:

```
List<int> zahlenListe = zahlen.ToList();
```

Auch die Liste können wir mit der Foreach-Schleife sehr einfach durchlaufen:

```
Console.WriteLine("Durchlauf Liste:");
foreach (int zahl in zahlenListe) {
      Console.WriteLine(zahl);
}
```

Zum Vergleich der Durchlauf mit der For-Schleife:

```
for (int i = 0; i < zahlenListe.Count; i++) {
      Console.WriteLine(zahlenListe[i]);
}
```

Wir erstellen ein Dictionary, das in diesem Fall aus Namen und Matrikelnummern bestehen soll:

```
Dictionary<string, int> matrikelNummern = new Dictionary<string, int>();
matrikelNummern.Add("Astrid", 309912);
matrikelNummern.Add("Felix", 312881);
matrikelNummern.Add("Lisa", 214491);
```

Wenn wir ein Dictionary mit der Foreach-Schleife durchlaufen, müssen wir darauf achten, dass wir die „keys" und die „values" durchlaufen können:

```
Console.WriteLine("Durchlauf Dictionary:");
foreach (string name in matrikelNummern.Keys) {
      Console.WriteLine(name + ": " + matrikelNummern[name]);
}
```

Konsolenausgabe:

5.7 Programmieraufgabe 5

Teil 1:

Erstelle ein Programm, das zur Eingabe von Ganzzahlen auffordert. Das Programm soll abfragen, wie viele Zahlen in das Array gespeichert werden sollen. Das Array ist dann entsprechend der Nutzereingabe zu dimensionieren.

Die Zahlen sollen nacheinander eingegeben und in ein eindimensionales Array gespeichert werden. Die Eingabe der Zahlen soll im Rahmen einer For-Schleife erfolgen. Nachdem alle Zahlen eingegeben wurden, sollen die Summe und der Durchschnitt der Zahlen ausgegeben werden. Der Durchschnitt soll als Gleitkommazahl ausgegeben werden.

Teil 2:

Erstelle im gleichen Programm ein Dictionary, welches deutsche Wörter als Schlüssel und die englische Übersetzung als Werte enthalten soll. Füge dem Dictionary die Schlüssel-Wert-Paare

„Baum", „tree"

„Holz", „wood"

„Wurzel", „root"

hinzu.

Tipp: Ein Dictionary lässt sich auch direkt bei der Erzeugung mit Werten initialisieren. Beispiel:

```
Dictionary<string, string> hauptstaedte = new Dictionary<string, string>()
{
    { "Frankreich", "Paris" },
    { "Italien", "Rom" },
    { "Österreich", "Wien" }
};
```

Lasse mit einer Foreach-Schleife alle deutschen Wörter und daneben die englische Übersetzung nacheinander ausgeben.

Viel Spass und viel Erfolg!

5.8   Lösungsvorschlag Programmieraufgabe 5

Konsolenausgabe:

```
C:\C#-Projekte\C-Sharp_Tutorial\C-Sharp_Tutorial\bin\Debug\C-Sharp_Tutorial.exe                    —    □    ×
Wie viele Zahlen sollen in unser Array gespeichert werden?
5
Bitte geben Sie die 1. Zahl ein:
2
Bitte geben Sie die 2. Zahl ein:
3
Bitte geben Sie die 3. Zahl ein:
7
Bitte geben Sie die 4. Zahl ein:
6
Bitte geben Sie die 5. Zahl ein:
9
Summe aller Zahlen: 27
Durchschnitt aller Zahlen: 5,4

Baum: tree
Holz: wood
Wurzel: root
```

Code:

```
static void Main(string[] args) {

    Console.WriteLine("Wie viele Zahlen sollen in unser Array gespeichert
werden?");
    int eingabe = int.Parse(Console.ReadLine());

    int[] zahlen = new int[eingabe];
    int summe = 0;
    for (int i = 0; i < zahlen.Length; i++) {
        Console.WriteLine("Bitte geben Sie die " + (i + 1) + ". Zahl ein:");
        zahlen[i] = int.Parse(Console.ReadLine());
        summe += zahlen[i];
    }
    Console.WriteLine("Summe aller Zahlen: " + summe);
    Console.WriteLine("Durchschnitt aller Zahlen: " + ((double)summe /
zahlen.Length));


    Console.WriteLine();
    Dictionary<string,    string>    woerterDeutschEnglisch    =    new
Dictionary<string, string>() {
        { "Baum", "tree" },
        { "Holz", "wood"},
        { "Wurzel", "root"}
    };

    foreach (string d in woerterDeutschEnglisch.Keys) {
        Console.WriteLine(d + ": " + woerterDeutschEnglisch[d]);
    }


    Console.ReadKey();
}
```

6 Objektorientierung II

In diesem Abschnitt gehen wir tiefer in die Materie der objektorientierten Programmierung ein. Hierfür greifen wir auf den Code aus dem vorangegangenen Abschnitt zur objektorientierten Programmierung in leicht modifizierter Form zurück (Inhalte aus der „static void Main" lassen wir weg). Vorbereiten müssen wir folgenden Code:

```
class Program {
      static void Main(string[] args) {

            Console.ReadKey();
      }
}

class Auto {
      public string Marke { get; set; }
      public string Modell { get; set; }
      public int Baujahr { get; set; }
      public double Preis { get; set; }

      public Auto() { }
      public Auto(string marke, string modell, int baujahr, double preis) {
            Marke = marke;
            Modell = modell;
            Baujahr = baujahr;
            Preis = preis;
      }

      public void Hupen() {
            Console.WriteLine("Mieeep!");
      }
      public String RadioWeihnachten() {
            return "Last Christmas";
      }
      public void Lackieren(string farbe) {
            Console.WriteLine("Das Auto hat jetzt die Farbe: " + farbe);
      }
      public void Tanken(double liter, string kraftstoff) {
            Console.WriteLine(liter + " Liter " + kraftstoff + " wurden
getankt.");
      }
}
```

6.1 Vererbung

Mit der Vererbung kann eine Klasse ihre Elemente an Klassen vererben. Hintergrund ist der, dass wir bestimmte Gegenstände in Kategorien einteilen können. Beispielsweise gehört jedes Modell eines Autos zu einer bestimmten Marke oder einem bestimmten Segment, also können wir sagen, dass jedes Auto zumindest die Eigenschaft „Marke" erbt.

In der Programmierung ergeben sich durch die Vererbung einige Vorteile. Durch die Vererbung bestimmter Eigenschaften und Methoden an eine Klasse können wir uns beispielsweise Schreibarbeit sparen, weil wir diese in den erbenden Klassen nicht mehr für jede Klasse zusätzlich programmieren müssen. Hierdurch erhöht sich auch die Wartbarkeit des Codes, weil wir entsprechende Änderungen nur in der vererbenden Klasse vornehmen müssen. Zudem garantieren wir bei den erbenden Klassen, dass die Eigenschaften und Methoden dort auch vorhanden sind und wir diese beim Programmieren damit auch nicht „vergessen können".

Bei der Vererbung unterscheiden wir zwischen Superklassen und Subklassen oder auch Basisklassen und erbenden, bzw. ableitenden Klassen. Die Terminologie unterscheidet sich unter den einzelnen Programmiersprachen, gemeint ist aber immer das Gleiche Die Basisklasse ist die Klasse, die an die untergeordneten Klassen ihre Eigenschaften und Methoden vererbt.

Unterhalb der Klasse „Auto" erstellen wir eine neue Klasse mit dem Namen „Volkswagen". Die Klasse Volkswagen soll von der Klasse „Auto" erben. Die Vererbungsbeziehung stellen wir in der Klassendefinition mit dem Doppelpunkt her und nennen anschließend die Klasse, von der die Klasse „Volkswagen" erben soll:

```
class Volkswagen: Auto {
}
```

Schon damit haben wir sichergestellt, dass jedes Volkswagen-Objekt auch ein Auto-Objekt ist, also sämtliche Eigenschaften und Methoden der Klasse Auto erbt und damit selbst nutzen kann.

In der Main-Methode der Klasse „Program" erzeugen wir ein Volkswagen-Objekt und können die Methoden der Oberklasse „Auto" hiermit nutzen:

```
static void Main(string[] args) {
    Volkswagen vwPolo1 = new Volkswagen();
    vwPolo1.Hupen();
```

Beispielsweise auch die Marke unseres Auto-Objekts können wir bestimmen:

```
    vwPolo1.Marke = "Volkswagen";
    Console.WriteLine(vwPolo1.Marke);
```

In der erbenden Klasse selbst können wir Member festlegen, die nur Objekte der erbenden Klassen haben. Beispielsweise könnte das die Eigenschaft „Neuwagen" sein:

```
class Volkswagen: Auto {
    public bool IstNeuwagen { get; set; }
}
```

Damit haben wir festgelegt, dass ein Volkswagen die Eigenschaft „IstNeuwagen" haben kann, aber eben nicht jedes Auto. Umgekehrt kann ein Volkswagen aber alles, was ein Auto kann! Durch die Vererbung können wir die ableitenden Klassen damit spezialisieren.

Komplizierter ist die Vererbung im Zusammenhang mit Konstruktoren. Hier bestehen verschiedene Möglichkeiten, Konstruktoren im Zusammenhang mit der Basisklasse zu verwenden oder auch solche, bei denen die Basisklasse nicht angesprochen wird. Im Gegensatz zu Eigenschaften und Methoden werden Konstruktoren **nicht** vererbt, müssen also in den erbenden Klassen selbst entworfen werden.

Konstruktoren von ableitenden Klassen können wir grundsätzlich völlig eigenständig entwerfen. In Konstruktoren von ableitenden Klassen können dabei auch die Eigenschaften der Basisklasse direkt angesprochen und genutzt werden. Unsere Volkswagen-Objekte sind immer von der Marke Volkswagen. Es ist sinnvoll, für unsere Volkswagen-Objekte im Konstruktor zu bestimmen, dass die Marke eines Volkswagen-Objekts immer „Volkswagen" ist:

```
class Volkswagen: Auto {
    ...
    // Konstruktor ohne Konstruktor-Aufruf Basisklasse
    public Volkswagen() {
        Marke = "Volkswagen";
    }
    public Volkswagen(string modell, int baujahr, double preis) {
        Marke = "Volkswagen";
    }
```

Konstruktoren können auch den Konstruktor der Basisklasse explizit mit dem Schlüsselwort „base" aufrufen:

```
    // Konstruktor mit Aufruf Konstruktor Basisklasse (ohne Parameter)
    public Volkswagen(): base() {
        Marke = "Volkswagen";
    }
```

Praktisch macht es keinen Unterschied, ob der Konstruktoraufruf hier erfolgt oder nicht. Der Basisklassen-Konstruktor wird nämlich automatisch aufgerufen, auch wenn ein Konstruktoraufruf nicht explizit erfolgt. Dabei wird der Basisklassen-Konstruktor sogar vor dem Konstruktor der erbenden Klasse aufgerufen, danach erst der Konstruktor der erbenden Klasse. Das können wir auch mit den Konsolenausgaben in beiden Konstruktoren beweisen:

Basisklasse:

```
    public Auto() {
        Console.WriteLine("Konstruktor Auto aufgerufen");
    }
```

Erbende Klasse ohne expliziten Konstruktoraufruf:

```
    public Volkswagen() {
        Marke = "Volkswagen";
        Console.WriteLine("Konstruktor VW aufgerufen");
    }
```

Daneben besteht die Möglichkeit, einen Konstruktor der Basisklasse mit den gleichen Parametern aufzurufen. Beispielsweise können wir einen Konstruktor der Volkswagen-Klasse auch wie folgt entwerfen:

```
        // Konstruktor mit Aufruf Konstruktor Basisklasse (mit gleichen
Parametern)
        public Volkswagen(string marke, string modell, int baujahr, double preis)
: base(marke,      modell, baujahr, preis) {
            IstNeuwagen = false;
        }
```

Ein hiermit erzeugtes Objekt hat auf diese Weise alle Eigenschaften des Autos und in diesem Fall die zusätzliche Eigenschaft, dass es kein Neufahrzeug ist:

```
static void Main(string[] args) {
        ...
        Volkswagen vwPolo2 = new Volkswagen("Volkswagen", "Polo", 2019, 15100);
        Console.WriteLine(vwPolo2.Modell + " für " + vwPolo2.Preis + " ist ein
Neufahrzeug: " +  vwPolo2.IstNeuwagen);
```

Außerdem besteht die Möglichkeit, einen Konstruktor zu erzeugen, der einen Basisklassen-Konstruktor mit unterschiedlichen Parametern aufruft. In unserem Beispiel kann ein Konstruktor der Klasse Volkswagen auch alle Eigenschaften des Volkswagens verlangen, aber nur die Eigenschaften des Autos an den Basisklassen-Konstruktor weiterreichen:

```
        // Konstruktor mit Aufruf Konstruktor Basisklasse (mit unterschiedlichen
Parametern)
        public Volkswagen(string marke, string modell, int baujahr, double preis,
bool neu) : base(marke, modell, baujahr, preis) {
            IstNeuwagen = neu;
        }
```

Unser drittes Objekt kann damit auch ein Neuwagen sein:

```
static void Main(string[] args) {
        ...
        Volkswagen vwPolo3 = new Volkswagen("Volkswagen", "Polo", 2022, 19345,
true);
        Console.WriteLine(vwPolo3.Modell + " für " + vwPolo3.Preis + " ist ein
Neufahrzeug: " +  vwPolo3.IstNeuwagen);
```

Hinweis: Wenn die Basisklasse keinen parameterlosen Konstruktor, also keinen Standard-, bzw. Leer-Konstruktor, hat, muss die abgeleitete Klasse einen bestimmten Konstruktor explizit aufrufen:

Nach dem gleichen Prinzip können wir weitere Klassen für weitere Marken erstellen und diese von der Klasse Auto erben lassen, beispielsweise eine Klasse für die Marke „Toyota":

```
class Toyota: Auto {
        public Toyota(string modell, int baujahr, double preis) : base("Toyota",
modell, baujahr,  preis) {
        }
```

```
}
```

Ein Aspekt der Vererbung ist die Spezialisierung der Möglichkeiten, die Objekte der erbenden Klassen (auch untereinander) haben sollen. Wir können beispielsweise bestimmen, dass nur ein Toyota-Objekt über die Methode „Slogan" verfügt:

```
class Toyota: Auto {
    ...
    public void Slogan() {
        Console.WriteLine("Nichts ist unmöglich...");
    }
```

Wenn wir ein Toyota-Objekt erzeugen, können wir die Slogan-Methode nur mit einem Toyota-Objekt aufrufen:

```
static void main(string[] args) {
    ...
    Toyota tyAvensis1 = new Toyota("Avensis", 2012, 9750);
    tyAvensis1.Slogan();
```

Konsolenausgabe:

```
C:\C#-Projekte\C-Sharp_Tutorial\C-Sharp_Tutorial\bin\Debug\C-Sharp_Tutorial.exe        —    □    ×

Konstruktor Auto aufgerufen
Konstruktor VW aufgerufen
Mieeep!
Volkswagen
Polo für 15100 ist ein Neufahrzeug: False
Polo für 19345 ist ein Neufahrzeug: True
Nichts ist unmöglich...
```

6.2 Polymorphie und Methodenverdeckung

Polymorphie bedeutet Vielgestaltigkeit. Innerhalb der objektorientierten Programmierung hat Polymorphie zur Folge, dass mit Zugriff auf gleichnamige Methoden unterschiedliche Ergebnisse geliefert werden können.

Die statische Polymorphie besteht im Überladen von Methoden. Beim Überladen von Methoden werden gleichnamige Methoden benutzt, die sich nur in der Parameterliste unterscheiden. Wenn wir wollen, dass jedes Auto eine Begrüßung ausgibt, können wir hierfür eine Methode programmieren:

```
class Auto {
```

```
    ...
    public void Begruessung() {
        Console.WriteLine("Guten Tag. Wo soll es hingehen?");
    }
```

Die Methode können wir ebenso mit einem Parameter nutzen und dabei den Namen der Methode beibehalten. Wir programmieren <u>eine weitere Methode</u> mit demselben Namen, mit dem Unterschied, dass diese einen Parameter entgegennimmt:

```
    public void Begruessung(string name) {
        Console.WriteLine("Guten Tag. Wo soll es hingehen, " + name + "?");
    }
```

Im Hauptprogramm können wir beide Methoden wie folgt nutzen:

```
static void main(string[] args) {
    ...
    tyAvensis1.Begruessung();
    tyAvensis1.Begruessung("Anton");
```

Die dynamische Polymorphie besteht im Überschreiben von Methoden. Bei einer überschriebenen Methode bleibt die Parameterliste identisch. Nur die Implementierung der Methode wird durch die überschreibende Methode geändert.

Nehmen wir an, jedes Auto soll einen Slogan haben, weil jede Automarke einen Slogan hat. Die Methode „Slogan" schreiben wir daher in die Klasse Auto. Um den erbenden Klassen zu erlauben, diese Methode zu überschreiben, wird die Methode als virtuelle Methode mit dem Schlüsselwort „virtual" deklariert:

```
class Auto {
    ...
    public virtual void Slogan() {
        Console.WriteLine("Jede Marke hat einen Slogan.");
    }
```

Die Klasse „Toyota" hat wie bisher die Methode „Slogan", mit dem gleichen Namen und der gleichen Parameterliste, hier nämlich keinen Parameter. Nur die Implementierung ist anders als die der Basisklasse. Die Methode „Slogan" aus der Basisklasse wird hierbei überschrieben. Überschreibende Methoden sollten wir mit dem Schlüsselwort „override" deklarieren:

```
class Toyota: Auto {
    ...
    public override void Slogan() {
        Console.WriteLine("Nichts ist unmöglich...");
    }
```

In der Main-Methode der Klasse „Program" können wir mit einem Volkswagen- und einem Toyota-Objekt die gleiche Methode aufrufen, die hier aber zu unterschiedlichen Ergebnissen führen wird:

```
static void main(string[] args) {
    ...
```

```
        vwPolo1.Slogan();
        tyAvensis1.Slogan();
```

Neben dem polymorphen Überschreiben einer Methode besteht auch die Möglichkeit, eine Methode zu verdecken. Die in der Klasse „Toyota" bestehenden Methode kann die Methode der Basisklasse mit dem Schlüsselwort „new" verdecken:

```
class Toyota: Auto {
        ...
        public new void Slogan() {
                Console.WriteLine("Nichts ist unmöglich...");
        }
```

Wenn wir unser Programm ausführen, erhalten wir in diesem Fall zwar das gleiche Ergebnis. Polymorph ist die Methodenverdeckung aber nicht. Das zeigt sich vor allem, wenn wir ein Objekt der Klasse Auto erzeugen und mit dem Konstruktor der Klasse „Toyota" initialisieren:

```
static void Main(string[] args) {
        ...
        Auto a = new Toyota("Avensis", 2012, 9750);
        a.Slogan();
```

Hier erhalten wir die Ausgabe der Auto-Klasse. Wenn die Methode in der Toyota-Klasse aber als „override" deklariert wird, erscheint die Ausgabe wie sie in der Methode der Toyota-Klasse implementiert wurde.

Konsolenausgabe (inklusive Codes aus letztem Kapitel):

```
C:\C#-Projekte\C-Sharp_Tutorial\C-Sharp_Tutorial\bin\Debug\C-Sharp_Tutorial.exe     —    □    ✕
Konstruktor Auto aufgerufen
Konstruktor VW aufgerufen
Mieeep!
Volkswagen
Polo für 15100 ist ein Neufahrzeug: False
Polo für 19345 ist ein Neufahrzeug: True
Nichts ist unmöglich...
Guten Tag. Wo soll es hingehen?
Guten Tag. Wo soll es hingehen, Anton?
Jede Marke hat einen Slogan.
Nichts ist unmöglich...
Jede Marke hat einen Slogan.
```

6.3 Klassenvariablen und -methoden

Die Programmiersprache C# bietet neben Variablen und Methoden, die an ein Objekt geknüpft sind, auch solche an, die unabhängig von der Erstellung eines Objekts existieren und genutzt werden können.

Hierbei handelt es sich um die Klassenvariablen und Klassenmethoden, die man auch als statische Variablen, bzw. statische Methoden bezeichnet.

Für unser Beispiel erstellen wir eine Klasse „Figur" und in dieser Klasse mit dem Schlüsselwort „static" eine statische Variable, die die Anzahl der erzeugten Objekte speichern soll. Die Variable soll in diesem Fall öffentlich sein, also erhält sie den Zugriffsmodifikator „public":

```
class Figur {
    public static int figurAnzahl;
```

Im Konstruktor dieser Klasse bestimmen wir, dass die statische Variable jedes Mal, wenn ein Objekt erzeugt wird, um den Wert „1" erhöht wird.

```
    public Figur() {
        figurAnzahl++;
    }
}
```

In der Klasse „Program" lassen wir zunächst per Nutzereingabe bestimmen, wie viele Figuren unser Programm erstellen soll:

```
static void Main(string[] args) {
    Console.WriteLine("Bitte geben Sie die Anzahl der zu erstellenden Figuren
ein: ");
    int anzahl = int.Parse(Console.ReadLine());
```

Die Anzahl der Figuren speichern wir in ein Array vom Typ Figur.

```
    Figur[] figuren = new Figur[anzahl];
```

Die Figuren erstellen wir in einer For-Schleife und speichern diese in das Array.

```
    for (int i = 0; i < anzahl; i++) {
        figuren[i] = new Figur();
    }
```

Wenn wir anschließend die Anzahl der erstellten Figuren ausgeben lassen, sprechen wir die Variable „figurAnzahl" über die Klasse „Figur" selbst an:

```
    Console.WriteLine("Es     wurden    "  +  Figur.figurAnzahl  +  "  Figuren
erstellt.");
}
```

Wir benötigen hierfür kein Objekt der Klasse „Figur" und könnten mit einem Objekt der Klasse „Figur" die statische Variable auch nicht ansprechen.

Eine statische Methode wird ebenso mit dem Schlüsselwort „static" definiert:

```
class Figur {
    ...
```

```
public static void FigurAusgeben(string form) {
    Console.WriteLine("Die Figur ist ein " + form + ".");
}
```

Statische Methoden können wir ebenso (nur) ohne ein Objekt der entsprechenden Klasse aufrufen:

```
static void Main(string[] args) {
    ...
    Figur.FigurAusgeben("Dreieck");
```

Konsolenausgabe:

6.4 Zugriffsmodifikatoren

Zugriffsmodifikatoren bestimmen die Sichtbarkeit, u. a. von Variablen, aber auch Methoden und Klassen. Die folgenden Regeln gelten für Zugriffsmodifikatoren bei Membern von Klassen:

```
/*
Zugriffsmodifikatoren/Sichtbarkeit:
private     Klasse selbst
ohne        in einer Klasse wie „private"
protected   Klasse selbst und erbende Klassen
public      überall
*/
```

In unserer Klasse Figur deklarieren wir zwei Variablen, die den Standort einer Figur im Koordinatensystem abbilden können:

```
class Figur {
    private int xPos;
    protected int yPos;
}
```

Wir erzeugen eine Klasse „Kreis", die von der Klasse „Figur" erben soll. Wenn wir in der Klasse „Kreis" einen Konstruktor programmieren, können wir nicht auf die Eigenschaft „xPos" zugreifen weil wir diese als „private" deklariert haben:

```
class Kreis: Figur {
    public Kreis(int x, int y) {
        xPos = x;    // Zugriff funktioniert nicht, da „private"
        yPos = y;
    }
}
```

In der Klasse „Figur" ändern wir daher den Zugriffsmodifikator in „protected":

```
class Figur {
    protected int xPos;
```

Wir erschaffen eine weitere Klasse „Rechteck", in der wir den Konstruktor gleich programmieren:

```
class Rechteck: Figur {
    public Rechteck(int x, int y) {
        xPos = x;
        yPos = y;
    }
}
```

Die Klasse Rechteck wird eine Variable ohne Zugriffsmodifikator erhalten:

```
class Rechteck: Figur {
    double flaeche;
    ...
```

Die Variable der Klasse „Rechteck" kann in der Klasse „Program" nicht direkt angesprochen werden. Folgender Code wird also nicht funktionieren:

```
static void Main(string[] args) {
    Rechteck r = new Rechteck(5, 5);
    // Zugriff auf „flaeche" nicht möglich
    r.flaeche = 3.5 * 5;
    Console.WriteLine("Flaeche Rechteck: " + r.flaeche);
}
```

Zugriffsmodifikatoren können ebenfalls für Methoden verwendet werden. Das kann beispielsweise für Hilfsmethoden Sinn machen, wenn wir diese nur in einer Klasse selbst aufrufen wollen; hierzu verwenden wir den Zugriffsmodifikator „private". Wir ändern den Code der Klasse „Rechteck":

```
class Rechteck: Figur {
    double laenge;
    double breite;
    public double Flaeche { get; set; }

    public Rechteck(int x, int y, double l, double b) {
        xPos = x;
```

```
            yPos = y;
            breite = b;
            laenge = l;
            FlaecheBerechnen();
    }
```

Die Methode „FlaecheBerechnen" soll eine Hilfsmethode werden, die nur innerhalb der Klasse aufgerufen werden kann. Der Konstruktor sorgt schon bei Erzeugung eines Objekts dafür, dass diese Methode aufgerufen und damit die Fläche des Rechtecks berechnet wird:

```
    private void FlaecheBerechnen() {
            Flaeche = laenge * breite;
    }
}
```

In der Klasse „Program" passen wir den Code entsprechend an:

```
class Program {
    static void Main(string[] args) {
            Rechteck r = new Rechteck(5, 5, 3.5, 5);
            Console.WriteLine("Fläche Rechteck: " + r.Flaeche);
    }
}
```

Konsolenausgabe:

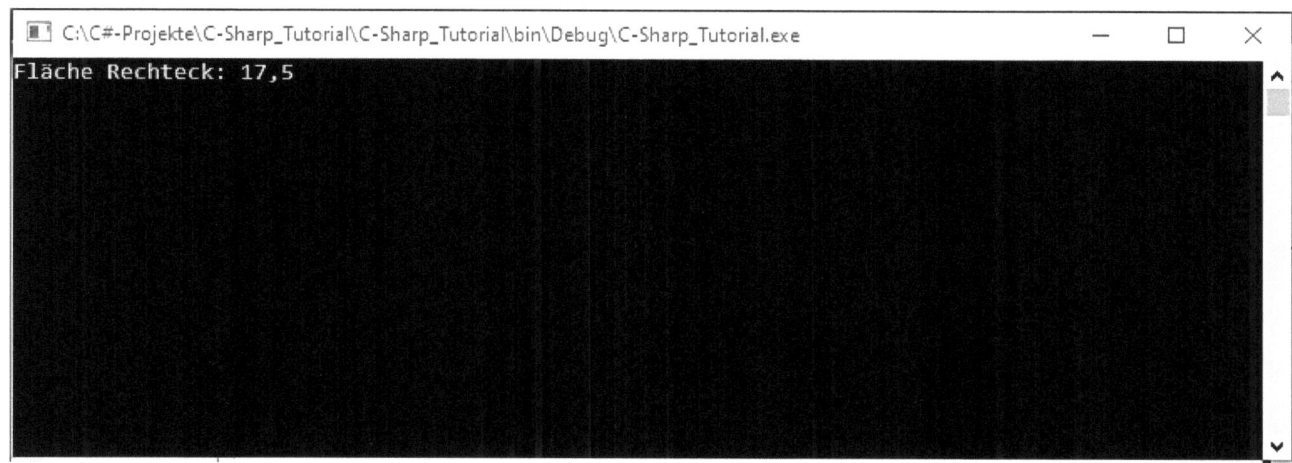

6.5 Abstrakte Klassen und abstrakte Methoden

Abstrakte Klassen dienen als Oberklassen, die meistens dazu verwendet werden, um Attribute und Methoden allgemein zu definieren, damit diese von den Unterklassen weiter spezifiziert werden können.

Unsere Klasse „Figur" wird eine abstrakte Klasse, wenn wir diese mit dem Schlüsselwort „abstract" definieren:

```
abstract class Figur {
    protected int xPos;
    ...
}
```

Abstrakte Klassen sind Klassen, die nicht instanziiert werden können. Folgender Code wird also nicht funktionieren:

```
static void Main(string[] args) {
    ...
    Figur f = new Figur();        // Code führt zu Fehlermeldung
}
```

Eine abstrakte Klasse kann wie eine konkrete Klasse auch über einen Konstruktor, sowie konkrete Methoden verfügen. Der Konstruktor einer abstrakten Klasse wird nämlich bei der Erzeugung von Objekten der erbenden Klassen ebenfalls aufgerufen, auch wenn von der abstrakten Klasse kein instanziierbares Objekt erzeugt werden kann.

Eine konkrete Methode zur Änderung des Standortes einer Figur ist also auch in der abstrakten Klasse „Figur" möglich, beispielsweise eine Methode, mit der die Figur bewegt wird:

```
public void Bewegen(int x, int y) {
    xPos += x;
    yPos += y;
}
```

Auch in einer abstrakten Klasse können die Eigenschaften wie in konkreten Klassen so programmiert werden, dass von außerhalb der Klasse darauf zugegriffen werden kann. Wir ändern die Member bezüglich der X- und Y-Position wie folgt:

```
abstract class Figur {
    public static int figurAnzahl;

    public int XPos { get; set; }
    public int YPos { get; set; }
    ...
    public void Bewegen(int x, int y) {
        XPos += x;
        YPos += y;
    }
}
```

Hinweis: In den Klassen „Kreis" und Rechteck müssen die Member „XPos" und YPos" entsprechend umbenannt werden.

Unser Rechteck-Objekt kann sich jetzt in einem fiktiven Koordinatensystem bewegen:

```
static void Main(string[] args) {
    ...
```

```
    Rechteck r = new Rechteck(5, 5, 3.5, 5);
    ...
    Console.WriteLine("Das Rechteck ist an Position\t X: " + r.XPos + "\tY:
" + r.YPos);
    r.Bewegen(10, 15);
    Console.WriteLine("Das Rechteck ist an Position\t X: " + r.XPos + "\tY:
" + r.YPos);
```

Soweit nichts Neues, denn der bisherige Code könnte auch in einer konkreten Klasse stehen. Abstrakte Klassen können neben konkreten Methoden aber auch abstrakte Methoden enthalten. Abstrakte Methoden sind Methoden, die über keine Implementierung verfügen, also keinen Methodenkörper haben. Die Implementierung dieser Methoden erfolgt erst durch die jeweilige Unterklasse.

Wenn jede Unterklasse beispielsweise eine Methode zur Veränderung ihrer Größe haben soll, die Implementierung dieser Methode sich aber aufgrund der unterschiedlichen Eigenschaften der Unterklassen unterscheiden muss, kann das Sinn machen. Wir programmieren hierzu die Methode „Skalieren":

```
abstract class Figur {
    ...
    public abstract void Skalieren(double faktor);
```

Beim Skalieren eines Kreises müsste beispielsweise der Radius geändert werden. Die Klasse Kreis erweitern wir entsprechend:

```
class Kreis: Figur {
    public double Radius { get; set; }
    public Kreis(int x, int y, double r) {
        XPos = x;
        YPos = y;
        Radius = r;
    }
}
```

Erbende Klassen müssen alle abstrakten Methoden implementieren. Weil die Klasse „Kreis" von der Klasse „Figur" erbt, müssen wir also bestimmen, was die Methode „Skalieren" konkret für ein Kreis-Objekt bewirken soll; die Methode „Skalieren" wird überschrieben:

```
class Kreis: Figur {
    ...
    public override void Skalieren(double faktor) {
        if (faktor > 0) {
            Radius *= faktor;
        } else {
            Console.WriteLine("Faktor darf nicht negativ sein...");
        }
    }
}
```

In der Main-Methode können wir die Methode beispielsweise so nutzen:

```
static void Main(string[] args) {
    ...
```

```
        Kreis k = new Kreis(1, 1, 2.5);
        Console.WriteLine("Radius Kreis: " + k.Radius);
        k.Skalieren(3);
        Console.WriteLine("Radius Kreis: " + k.Radius);
```

In der Klasse „Rechteck" müssen wir die Methode ebenso implementieren:

```
class Rechteck: Figur {
    double laenge;
    double breite;
    ...
    public override void Skalieren(double faktor) {
        if (faktor > 0) {
            laenge *= faktor;
            breite *= faktor;
            FlaecheBerechnen();
        } else {
            Console.WriteLine("Faktor darf nicht negativ sein...");
        }
    }
}
```

Konsolenausgabe:

```
C:\C#-Projekte\C-Sharp_Tutorial\C-Sharp_Tutorial\bin\Debug\C-Sharp_Tutorial.exe        —   □   ×
Fläche Rechteck: 17,5
Das Rechteck ist an Position      X: 5   Y: 5
Das Rechteck ist an Position      X: 15  Y: 20
Radius Kreis: 2,5
Radius Kreis: 7,5
```

6.6 Interfaces

Interfaces sind abstrakten Klassen relativ ähnlich, aber noch abstrakter, weil in einem Interface nur Methoden ohne Methodenkörper erlaubt sind, also nur abstrakte Methoden.

Der Hauptzweck von Interfaces besteht darin, das Verbot der Mehrfachvererbung zu umgehen. In C# ist es nämlich nicht möglich, von mehr als einer Klasse zu erben. Nehmen wir an, wir wollen für manche Unterklassen der Klasse „Figur" die Möglichkeit vorsehen, dass für diese geometrische Berechnungen durchgeführt werden können. Würden wir die hierfür erforderlichen Methoden in der abstrakten

Klasse „Figur" programmieren, stünden diese Methoden für alle Klassen zur Verfügung und würden auch von allen erbenden Klassen übernommen oder implementiert werden müssen.

Würden wir hierfür aber ein Interface nutzen, wäre es möglich, dass nur bestimmte Klassen über die jeweiligen Methoden verfügen. Genau das machen wir, und definieren unser Interface mit dem Schlüsselwort „interface" und einem passenden Namen:

```
interface GeomBerechnungen {
}
```

Hinweis: Oft wird für den Namen eines Interface auch der Anfangsbuchstabe „I" verwendet, um zu signalisieren, dass es sich hierbei um ein Interface handelt. In unserem Fall würde das Interface den Namen „IGeomBerechnungen" haben. Zwingend ist das aber nicht.

Ein Interface wird nicht geerbt, sondern implementiert. Die Klasse „Kreis" soll das Interface „GeomBerechnungen" implementieren:

```
class Kreis: Figur, GeomBerechnungen {
    ...
```

Interfaces können sowohl Eigenschaften, als auch Methoden enthalten. Eigenschaften müssen aber in der jeweiligen Klasse implementiert werden. Die automatische getter- und setter-Definition funktioniert hier auch nicht wie bei einer Klasse, sondern sieht beispielsweise für die Eigenschaften „Flaeche" und „Umfang" wie folgt aus:

```
interface GeomBerechnungen {
    double Flaeche {
        get;
        set;
    }

    double Umfang {
        get;
        set;
    }
}
```

In der Klasse „Kreis" müssen die Eigenschaften „Flaeche" und „Umfang" jetzt implementiert werden:

```
class Kreis: Figur, GeomBerechnungen {
    public double Flaeche { get; set; }
    public double Umfang { get; set; }
```

In unserem Interface können wir Methoden für die implementierenden Klassen vorschreiben. Die Methoden sind standardmäßig „public" und dürfen nicht mit Zugriffsmodifikatoren (auch nicht mit „public" oder „abstract") definiert werden. Es bleibt also bei der Methodenbezeichnung „void" oder dem entsprechenden Rückgabetyp:

```
interface GeomBerechnungen {
    ...
```

```
        void FlaecheBerechnen();
        void UmfangBerechnen();
        string GeomDaten();
}
```

In der Klasse „Kreis" müssen wir die Methoden jetzt implementieren, beispielsweise mit folgendem Code:

```
class Kreis: Figur, GeomBerechnungen {
        ...
        public void FlaecheBerechnen() {
                Flaeche = Math.PI * Radius * Radius;
        }
        public void UmfangBerechnen() {
                Umfang = 2 * Math.PI * Radius;
        }
        public string GeomDaten() {
                return "Fläche: " + Flaeche + " Umfang: " + Umfang;
        }
}
```

Für eine Beispielanwendung nutzen wir unser Objekt der Klasse Kreis und rufen die implementierten Methoden auf:

```
static void Main(string[] args) {
        ...
        k.FlaecheBerechnen();
        k.UmfangBerechnen();
        Console.WriteLine(k.GeomDaten());
}
```

Hinweis: Eine Klasse kann zwar nur von einer anderen Klasse erben, aber beliebig viele Interfaces implementieren.

Konsolenausgabe (inklusive Code aus vorherigen Kapiteln):

```
C:\C#-Projekte\C-Sharp_Tutorial\C-Sharp_Tutorial\bin\Debug\C-Sharp_Tutorial.exe          —    □    ×
Fläche Rechteck: 17,5
Das Rechteck ist an Position        X: 5   Y: 5
Das Rechteck ist an Position        X: 15  Y: 20
Radius Kreis: 2,5
Radius Kreis: 7,5
Fläche: 176,714586764426 Umfang: 47,1238898038469
```

6.7 Programmieraufgabe 6

Programmiere einen Bauernhof!

Das Programm soll aus folgenden Klassen mit den jeweiligen Eigenschaften/Methoden bestehen:

<u>Klasse Lager:</u>

- 4 öffentliche Klassenvariablen, die den Bestand an Wolle, Eiern, Kuhmilch und Ziegenmilch speichern

<u>Abstrakte Klasse Milchtiere:</u>

- öffentliche abstrakte Methode „Melken" (ohne Parameter)

<u>Abstrakte Klasse Lasttiere:</u>

- öffentliche konkrete Methode „Liefern" (mit Parameter für Ware als string und Menge als int): soll Bestand an Ware, je nach Parameter um die jeweilige Menge reduzieren; die Methode soll eine Prüfung enthalten, ob die als Parameter übergebene Ware vorhanden ist und wenn ja, ob diese ausreichend im Lager vorrätig ist; wenn die Ware nicht ausreichend vorrätig ist, soll die Methode „AusgabeBestandUnzureichend" aufgerufen werden

- private Methode „AusgabeBestandUnzureichend" (mit Parametern für Ware als string und Bestand als int): soll eine Konsolenausgabe erzeugen, dass der Warenbestand nicht ausreichend ist und anschließend den Bestand an Ware ausgeben

<u>Klasse Schaf:</u>

- öffentliche Methode „Scheren": soll den Bestand an Wolle erhöhen

<u>Klasse Huhn:</u>

- öffentliche Methode „EierLegen": soll den Bestand an Eiern erhöhen

<u>Klasse Kuh:</u>

- erbt von der Klasse Milchtiere,

- öffentliche Methode „Melken" soll Bestand an Kuhmilch erhöhen

<u>Klasse Ziege:</u>

- erbt von der Klasse Milchtiere

- öffentliche Methode „Melken" soll Bestand an Ziegenmilch erhöhen

<u>Klasse Esel:</u>

- erbt von der Klasse Lasttiere

<u>Klasse Ochse:</u>

- erbt von der Klasse Lasttiere

Um die Funktionstüchtigkeit des Programmes zu testen, kannst Du folgenden Code in die Main-Methode kopieren. Hierbei werden ein Schaf- und ein Esel-Objekt erzeugt, das Schaf wird drei Mal geschert, anschließend wird zur Eingabe der Lieferung einer Ware in einer bestimmten Menge aufgefordert. Hier sollte Wolle als Ware, anschließend eine bestimmte Anzahl eingegeben werden:

```
static void Main(string[] args) {

    Schaf schaf = new Schaf();
    Esel esel = new Esel();

    Console.WriteLine("* Willkommen im Bauernhof *");
    for (int i = 0; i < 3; i++) {
        schaf.Scheren();
    }

    Console.WriteLine("Aktueller Bestand Wolle: " + Lager.bestandWolle);

    Console.WriteLine("Was soll geliefert werden?");
    string eingabeText = Console.ReadLine();
    Console.WriteLine("Wieviel soll geliefert werden?");
    int eingabeZahl = int.Parse(Console.ReadLine());

    esel.Liefern(eingabeText, eingabeZahl);
    Console.WriteLine("Aktueller Bestand Wolle: " + Lager.bestandWolle);

    Console.WriteLine("Auf Wiedersehen...");


    Console.ReadKey();
}
```

Viel Spass und viel Erfolg!

6.8 Lösungsvorschlag Programmieraufgabe 6

Konsolenausgabe:

```
C:\C#-Projekte\C-Sharp_Tutorial\C-Sharp_Tutorial\bin\Debug\C-Sharp_Tutorial.exe          —    □    ×
* Willkommen im Bauernhof *
Aktueller Bestand Wolle: 3
Was soll geliefert werden?
Wolle
Wieviel soll geliefert werden?
2
Aktueller Bestand Wolle: 1
Auf Wiedersehen...
```

Code:

```
class Lager {
      public static int bestandWolle;
      public static int bestandEier;
      public static int bestandKuhmilch;
      public static int bestandZiegenmilch;
}

abstract class Milchtiere {
      public abstract void Melken();
}

abstract class Lasttiere {
      public void Liefern(string ware, int menge) {
            if (ware.Equals("Wolle")) {
                  if (Lager.bestandWolle >= menge) {
                        Lager.bestandWolle -= menge;
                  } else {
                        AusgabeBestandUnzureichend(ware, Lager.bestandWolle);
                  }
            } else if (ware.Equals("Eier")) {
                  if (Lager.bestandEier >= menge) {
                        Lager.bestandEier -= menge;
                  } else {
                        AusgabeBestandUnzureichend(ware, Lager.bestandEier);
                  }
            } else if (ware.Equals("Kuhmilch")) {
                  if (Lager.bestandKuhmilch >= menge) {
                        Lager.bestandKuhmilch -= menge;
                  } else {
                        AusgabeBestandUnzureichend(ware,
Lager.bestandKuhmilch);
                  }
            } else if (ware.Equals("Ziegenmilch")) {
                  if (Lager.bestandZiegenmilch >= menge) {
                        Lager.bestandZiegenmilch -= menge;
                  } else {
                        AusgabeBestandUnzureichend(ware,
Lager.bestandZiegenmilch);
                  }
            } else {
                  Console.WriteLine("Angegebene Ware existiert nicht. "
                              + "Bitte Eingabe überprüfen...");
            }
      }

      private void AusgabeBestandUnzureichend(string ware, int bestand) {
            Console.WriteLine("Bestand    an    "   +   ware   +   "    nicht
ausreichend.");
            Console.WriteLine("Warenbestand an " + ware + ": " + bestand);
      }
}

class Schaf {
      public void Scheren() {
            Lager.bestandWolle += 1;
      }
}
```

```
class Huhn {
    public void EierLegen() {
        Lager.bestandEier += 1;
    }
}

class Kuh : Milchtiere {
    public override void Melken() {
        Lager.bestandKuhmilch += 1;
    }
}

class Ziege : Milchtiere {
    public override void Melken() {
        Lager.bestandZiegenmilch += 1;
    }
}

class Esel : Lasttiere { }

class Ochse : Lasttiere { }
```

6.9 Objekte in verschiedenen Klassen nutzen

Würden wir in Lösung der vorangegangenen Programmieraufgabe in der Klasse „Lager"
Instanzvariablen, statt Klassenvariablen, verwenden, müssten wir den Code umschreiben. In der Klasse
„Lager" bestimmen wir den Member zur Speicherung des Bestands an Wolle als Instanzvariable:

```
class Lager {
      public int BestandWolle { get; set; }
      ...
}
```

Ein Problem ergibt sich, wenn in den Klassen „Lasttiere", „Schaf" und „Program" jeweils ein Objekt der
Klasse „Lager" erzeugt wird, auf das in diesen Klassen zugegriffen wird. Jedes dieser einzelnen Objekte
hätte dann einen eigenen Bestand an Wolle, weil der Member „BestandWolle" an das jeweilige Objekt
gebunden wäre. Ein Schaf würde dann für ein eigenes Objekt der Klasse „Lager" geschoren werden, das
den Bestand gespeichert hätte. Das in der Klasse „Program" erzeugte Objekt der Klasse „Lager" hätte
dann aber keinen Bestand an Wolle gespeichert. Um dieses Problem zu umgehen, müssen wir dafür
sorgen, dass dasselbe Objekt innerhalb der einzelnen Klassen genutzt wird.

Die Methode „Liefern" in der Klasse „Lasttiere" soll hierzu ein Objekt der Klasse „Lager" als Parameter
entgegennehmen und Bestände dieses Objekts nutzen:

```
abstract class Lasttiere {
      public void Liefern(Lager lager, string ware, int menge) {
            if (ware == "Wolle") {
                  if (lager.BestandWolle >= menge) {
                        lager.BestandWolle -= menge;
                  } else {
```

Die Ausgabe für den unzureichenden Bestand müssen wir hier speziell bestimmen.

```
                        Console.WriteLine("Bestand an " + ware + " nicht
ausreichend.");
                        Console.WriteLine("Warenbestand an " + ware + ": " +
                              lager.BestandWolle);
                  }
            }
```

Die Methode „Scheren" in der Klasse „Schaf" wird ebenfalls ein Lager-Objekt entgegennehmen, um
Bestände dieses Objekts zu erhöhen. Dazu ändern wir den Code der Klasse „Schaf":

```
class Schaf {
      public void Scheren(Lager lager) {
            lager.BestandWolle += 1;
      }
}
```

In der Main-Methode der Klasse „Program" wird ein Lager-Objekt erzeugt und beim Aufruf der
Methoden „Scheren" und „Liefern" übergeben. Dazu ändern wir den Code an folgenden Stellen:

```
static void Main(string[] args) {
```

```
        Lager lager = new Lager();
        ...
        for (int i = 0; i < 3; i++) {
                schaf.Scheren(lager);
        }
        Console.WriteLine("Aktueller Bestand Wolle: " + lager.BestandWolle);
        ...
        esel.Liefern(lager, eingabeText, eingabeZahl);
        Console.WriteLine("Aktueller Bestand Wolle: " + lager.BestandWolle);
        ...
}
```

Weil das gesamte Programm jetzt mit ein und demselben Objekt arbeitet, wird der Lagerbestand an Wolle auch nur mit diesem Objekt verwaltet. Der Bestand wird korrekt angegeben und kann geliefert werden.

Hier wird im Gegensatz zu Variablen als Parameter keine Kopie des Objekts erzeugt und in Methode genutzt, sondern eine Referenz des Objekts übergeben. Die Methoden nutzen damit nicht Kopien der Objekte, sondern das ursprüngliche Objekt selbst.

Das gleiche Prinzip wird auch in vielen objektorientierten Konzepten eingesetzt, beispielsweise dem MVC-Konzept (MVC steht für Model-View-Control), bei dem es um das Zusammenspiel zwischen einer grafischen Benutzeroberfläche, einer Klasse, die das Programm inhaltlich bestimmt und einer Klasse, die für die Steuerung des Programmablaufs zuständig ist, geht.

Konsolenausgabe:

6.10   Klassen in Module auslagern

Mehrere Klassen in die gleiche Datei zu programmieren sorgt für einen sehr langen und unübersichtlichen Code. In umfangreicheren Programmen ist es sinnvoll, Klassen in eigene Dateien auszulagern.

Um eine neue Datei hinzuzufügen, klicken wir in der Menüleiste auf „Projekt", dann auf „Klasse hinzufügen".

Im neuen Fenster wählen wir aus, was die neue Datei beinhalten soll. Entgegen dem Untermenüpunkt kann das sehr viel mehr als nur eine Klasse sein. Wir wollen aber eine Klasse und wählen daher die Option „Klasse".

Den Namen der Datei geben wir unten im Textfeld ein. Dieser sollte mit dem Namen der Klasse übereinstimmen. Wir nehmen den Namen „Lager.cs".

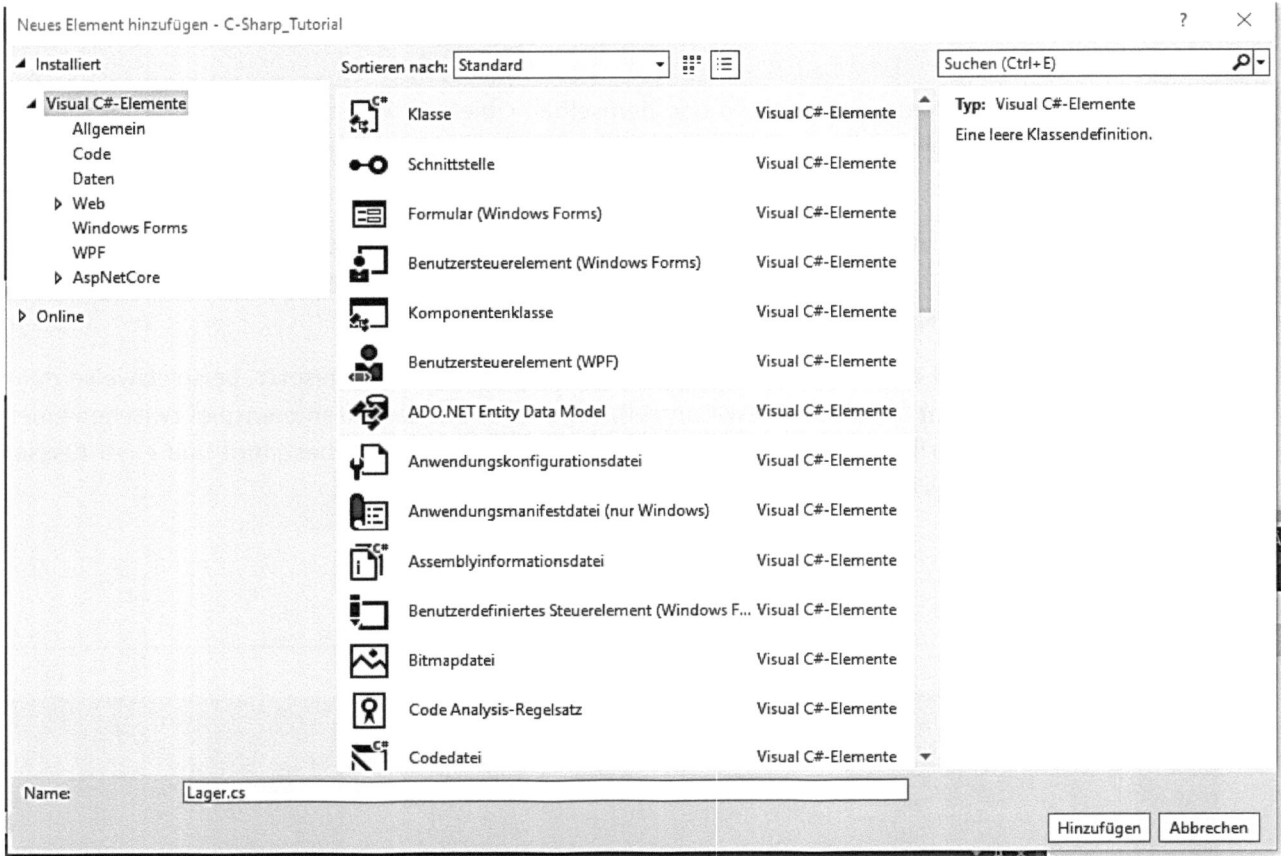

Den Code der Klasse „Lager" können wir in die neu erstellte Datei verschieben und löschen die bisherige Klasse „Lager" in der alten Datei. Die Klasse „Lager" muss hier nicht importiert werden. Objekte dieser Klasse können wir wie bisher erzeugen. Unseren Code müssen wir also nicht anpassen.

7 Fehlerbehandlung

Beim Programmieren können viele Fehler passieren, die in ihrer Art und ihren Auswirkungen sehr unterschiedlich sein können. Damit ein Programm korrekt und sicher funktioniert, müssen mögliche Fehlerquellen erkannt und behandelt werden. Ansonsten können Fehler vor allem bei umfangreicheren Programmen große Schäden hervorrufen.

7.1 Fehlerarten

Programmierfehler können grob in drei Fehlerarten unterschieden werden, nämlich Syntaxfehler, Laufzeitfehler und Semantikfehler.

Syntaxfehler sind Fehler in der Formulierung oder Zusammensetzung des Codes. Diese Fehler sind die einfachsten und auch „dankbarsten" Fehler, denn diese sorgen dafür, dass schon der Compiler den Code beanstandet, bevor das Programm überhaupt ausgeführt werden kann. Klassisches Beispiel ist das Vergessen des Semikolons am Ende der Codezeile, aber auch ein falsch geschriebener Methodenaufruf fällt hierunter.

Laufzeitfehler sind Fehler, die erst während der Programmlaufzeit auftreten. Darunter fallen beispielsweise falsche Nutzereingaben, der Fall, wenn ein Index im Array angesprochen wird, den es nicht gibt, weil er sich außerhalb der Dimensionsgröße befindet oder auch die Division durch 0. Laufzeitfehler sind deutlich schwieriger zu finden und zu beheben als Syntaxfehler, weil das Programm auch mit Laufzeitfehlerquellen einwandfrei funktionieren kann. Unerwartete Benutzereingaben oder ein unerwartetes Ereignis können aber ausreichen, um das Programm zum Absturz zu bringen.

Semantikfehler sind Fehler, die nicht das gewünschte Ergebnis liefern. Semantikfehler werden auch als logische Fehler bezeichnet. Diese Fehlerart ist die „undankbarste", weil sie häufig nicht bemerkt wird und am schwierigsten zu beheben ist. Semantikfehler können vor allem in der Folge zu weitreichenden zusätzlichen Problemen führen, wenn diese zu fehlerhaften Daten führen, mit denen das Programm weiterarbeiten soll.

Dieses einfache Beispiel zeigt, dass wir selbst in einem sehr überschaubaren Programm alle drei Fehlerarten finden oder ermöglichen können:

```
// Syntaxfehler, wenn "WriteLine" falsch geschrieben oder ";" fehlt
Console.WriteLine("Bitte gib drei Ganzzahlen ein:");

int summe = 0;
// Logischer Fehler, wenn Bedingung "i <= 3"
for (int i = 0; i < 3; i++) {
    Console.Write((i + 1) + ". Zahl: ");
    // Laufzeitfehler, wenn Buchstabe oder Kommazahl eingegeben
    summe += int.Parse(Console.ReadLine());
}
Console.WriteLine("Summe: " + summe);

// Folge des logischen Fehlers, wenn Schleifenbedingung "i <= 3"
Console.WriteLine("Durchschnitt: " + (summe / 3.0));
```

7.2 Syntaxfehler beheben

Unsere ersten Fehlerquellen bauen wir in den Quellcode ein, indem wir in folgender Codezeile den Methodenaufruf falsch schreiben und am Ende der Codezeile das Semikolon vergessen:

```
Console.Writeline("Bitte gib drei Ganzzahlen ein:")
```

Die Entwicklungsumgebung „Visual Studio" sorgt schon jetzt dafür, dass auf zwei Syntaxfehler hingewiesen wird. Auf Syntaxfehler weist Visual Studio optisch auf verschiedene Arten hin:

```
Program.cs*  ⊣ ✕                                                                                    ▾ ✿
C# C-Sharp_Tutorial                    ▾  ⁜ C_Sharp_Tutorial.Program    ▾  ⊕ₐ Main(string[] args)              ▾ ╬
      1    ⊟using System;
      2     │using System.Collections.Generic;
      3     │using System.Linq;
      4     │using System.Text;
      5     │using System.Threading.Tasks;
      6
      7    ⊟namespace C_Sharp_Tutorial
      8     │{
                   0 Verweise
      9    ⊟         class Program
     10     │        {
                          0 Verweise
     11    ⊟             static void Main(string[] args)
     12     │            {
     13
     14                      // Syntaxfehler, wenn "WriteLine" falsch geschrieben oder ";" fehlt
     15                      Console.Writeline("Bitte gib drei Ganzzahlen ein:")
     16
     17                      int summe = 0;
     18
     19                      // Logischer Fehler, wenn Bedingung "i <= 3"
     20    ⊟                 for (int i = 0; i < 3; i++)
     21                      {
     22                          Console.Write((i + 1) + ". Zahl: ");
     23
     24                          // Laufzeitfehler, wenn Buchstabe oder Kommazahl eingegeben
     25                          summe += int.Parse(Console.ReadLine());
     26                      }
     27
     28                      Console.WriteLine("Summe: " + summe);
     29
     30                      // Folge des logischen Fehlers, wenn Schleifenbedingung "i <= 3"
     31                      Console.WriteLine("Durchschnitt: " + (summe / 3.0));
     32
     33                      Console.ReadKey();
     34                  }
100 %   ▾    ⊗ 2   ⚠ 0   ←  →  ⌀ ▾   ◀                            ▶  Zeile: 37   Zeichen: 1   SPC   CRLF
```

```
Fehlerliste                                                                                          ▾ ⊣ ✕
Gesamte Projektmappe  ▾  ⊗ 2 Fehler   ⚠ 0 Warnungen   ⓘ 0 Mitteilungen  ⁜ᵧ  Erstellen + IntelliSense  ▾   Fehlerliste durchsuchen   🔎 ▾
    ⁊ Code    Beschreibung                          Projekt            Datei         Ze...  Unterdrückungszus...
  ⊗ CS1002   ; erwartet.                            C-Sharp_Tutorial   Program.cs    15     Aktiv
  ⊗ CS0117   "Console" enthält keine Definition für  C-Sharp_Tutorial   Program.cs    15     Aktiv
             "Writeline".
Fehlerliste  Haltepunkte  Ausgabe
```

- Syntaxfehler werden durch eine wellenförmige rote Linie unterstrichen.

- In der Codezeilen-Leiste links neben dem Quellcode erscheint außerdem ein Glühbirnen-Symbol mit einem weißen „X" auf einer roten Kreisfläche. Wenn wir auf dieses Symbol scrollen, werden wir auf die Möglichkeit hingewiesen, Schnellaktionen durchführen zu lassen.

- Rechts neben dem Quellcode erscheint in der Scroll-Leiste ein rotes Quadrat, das den Fehler im Quellcode lokalisiert, was vor allem praktisch ist, wenn wir uns an einer anderen Stelle im Quellcode befinden.

- In der Info-Leiste unterhalb des Quellcodes werden Fehler und Warnungen mit den entsprechenden Symbolen (weißes „X" auf roter Kreisfläche und gelbes Warndreieck für Warnungen) angezeigt. Wenn wir auf das Fehler-Symbol klicken, wird darunter ein Fenster mit dem Titel „Fehlerliste" geöffnet, was bei der Fehleranalyse weiterhilft. In der Spalte „Code" wird ein Link zu einer Webseite mit entsprechender Hilfe angeboten für den Fall, dass die Fehlerbeschreibung rechts daneben nicht weiterhilft.

Eine Entwicklungsumgebung wie Visual Studio macht es uns leicht, Syntaxfehler zu finden und entsprechend zu beheben. In den meisten Fällen ergibt sich bei Syntaxfehlern die Lösung von selbst. Das vergessene Semikolon ist so ein Fall.

Der Methodenaufruf „Writeline" ist dagegen auf den ersten Blick nicht unbedingt sofort als Fehler erkennbar, aber auch hier können wir die Hilfe der Entwicklungsumgebung in Anspruch nehmen, wenn wir einfach auf den entsprechenden Methodenaufruf scrollen:

```
Console.Writeline("Bitte gib drei Ganzzahlen ein:")

            CS0117: "Console" enthält keine Definition für "Writeline".
int summe = 0
            Mögliche Korrekturen anzeigen (Alt+Eingabe oder Strg+.)
```

Wir klicken auf „Mögliche Korrekturen anzeigen" und erhalten eine hierfür passende Lösung.

Das vergessene Semikolon schreiben wir an das Ende der Codezeile. Die Fehlerfreie Codezeile sieht dann wie folgt aus:

```
Console.WriteLine("Bitte gib drei Ganzzahlen ein:");
```

7.3 Laufzeitfehler beheben (try-catch-Anweisung)

Unsere Laufzeitfehlerquelle haben wir in der Nutzereingabe:

```
summe += int.Parse(Console.ReadLine());
```

Der Fehler kann hier entstehen, wenn nicht eine Ganzzahl, sondern beispielsweise ein Buchstabe oder eine Kommazahl eingegeben wird. Wir starten unser Programm und erzeugen einen Fehler, indem wir einen Buchstaben eingeben.

Wir landen wieder im Quellcode-Bereich der Entwicklungsumgebung, in dem ein neues Fenster mit der Überschrift „Unbehandelte Ausnahme" erscheint. Darunter der Hinweis, dass es sich um eine „FormatException" handelt. Genauer gesagt, handelt es sich um ein Objekt der Klasse „FormatException".

Den mit der Fehlerquelle behafteten Code müssen wir zuerst in einen „try"-Block schreiben:

```
try {
    summe += int.Parse(Console.ReadLine());
}
```

Wie uns die Entwicklungsumgebung mitteilt, kann der try-Block nicht ohne Weiteres stehen bleiben, sondern muss mit einem „catch"- oder „finally"-Block fortgesetzt werden. Mit der catch-Anweisung wird die Exception eingefangen. Die Exception bezeichnen wir in den runden Klammern nach der catch-Anweisung und geben dem Objekt, das im catch-Block verwendet werden kann, einen Namen. Dieses Objekt wird nur für den catch-Block verwendet. Üblicherweise ist der Name hier nur sehr kurz und kann auch nur aus einem Buchstaben („e" wie Exception) bestehen:

```
try {
      summe += int.Parse(Console.ReadLine());
} catch (FormatException e) {
```

Mit diesem Objekt lässt sich beispielsweise eine Mitteilung ausgeben, die in solchen Fällen automatisch erzeugt wird und für unseren Fall aussagefähig genug ist:

```
      Console.WriteLine(e.Message);
```

Die Exception kann auch als solche ausgegeben werden:

```
      Console.WriteLine(e);
```

Nutzerfreundlich ist diese Ausgabe nicht, sondern eher für Programmierer hilfreich. Die Ausgabe der Exception als solche sollten wir in keinem Programm für Endnutzer vorsehen.

An dieser Stelle muss es nicht bei der Ausgabe der Mitteilung bleiben. In unserem Fall wäre es sinnvoll, den Schleifenzähler zurückzusetzen und die Schleife noch einmal laufen zu lassen, damit die Gesamtzahl der eingegebenen Zahlen stimmt:

```
} catch (FormatException e) {
      Console.WriteLine(e.Message);
      i -= 1;
      continue;
}
```

Eine try-catch-Anweisung ist auch mit mehreren catch-Blöcken möglich. Sinnvoll sind mehrere catch-Blöcke dann, wenn der Code unterschiedliche Exceptions werfen kann. In Visual Studio erscheint eine kleine Übersicht hierzu, wenn wir mit der Maus auf den Methodenaufruf, hier den „Parse"-Befehl, scrollen:

```
try
{
      summe += int.Parse(Console.ReadLine());
}
catch (FormatExcept
{
      Console.WriteLi
      i -= 1;
      continue;
}
```

⊗ int int.Parse(string s) (+ 3 Überladungen)
Konvertiert die Zeichenfolgendarstellung einer

Rückgabewerte:
Eine 32-Bit-Ganzzahl mit Vorzeichen, die der Z

Ausnahmen:
ArgumentNullException
FormatException
OverflowException

Die FormatException haben wir schon behandelt, sehen aber, dass es noch zwei weitere Exceptions gibt, die noch behandelt werden können. Die Exception muss dabei nicht immer genau bezeichnet werden; die catch-Anweisung kann auch die Oberklasse aller Exceptions, die Klasse „Exception", ansprechen. Jede noch nicht gefangene, spezieller bezeichnete Exception, fällt hierunter:

```
catch (FormatException e) {
    Console.WriteLine(e.Message);
    i -= 1;
    continue;
} catch (Exception e) {
```

Wir können auch hier den gespeicherten Mitteilungstext ausgeben lassen...

```
    Console.WriteLine(e.Message);
```

... oder wir bestimmen einen eigenen Text, der allgemeiner gehalten ist:

```
    Console.WriteLine("Eingabe ungültig. Bitte Eingabe wiederholen...");
    i -= 1;
    continue;
}
```

Wenn wir - wie in diesem Code - kein Exception-Objekt nutzen, kann nach der catch-Anweisung auch keine Klammer, sondern nur die catch-Anweisung, stehen:

```
catch {
    ...
```

Statt oder neben catch-Blöcken können auch finally-Blöcke vorgesehen werden. Finally-Blöcke werden grundsätzlich dafür genutzt, Ressourcen freizugeben, beispielsweise durch Schließen von Dateien oder Datenbankverbindungen. Der im finally-Block enthaltene Code wird dabei immer ausgeführt, egal ob eine Exception geworfen wurde oder nicht.

Möglich sind try-catch, try-finally oder try-catch-finally-Konstellationen.

Konsolenausgabe:

```
C:\C#-Projekte\C-Sharp_Tutorial\C-Sharp_Tutorial\bin\Debug\C-Sharp_Tutorial.exe          —    □    ×
Bitte gib drei Ganzzahlen ein:
1. Zahl: 5
2. Zahl: t
Die Eingabezeichenfolge hat das falsche Format.
2. Zahl: 3,5
Die Eingabezeichenfolge hat das falsche Format.
2. Zahl: 55555555555555555555555555555555555555
Eingabe ungültig. Bitte Eingabe wiederholen...
2. Zahl: 15
3. Zahl: 45
Summe: 65
Durchschnitt: 21,6666666666667
```

7.4 Semantikfehler beheben

Fehler in der Programmlogik sind schnell passiert, aber vergleichsweise schwierig aufzuspüren. Hier kommt man nicht umhin, das Programm intensiv auf Fehler zu testen, um diese Art von Fehler festzustellen.

Eine Methode hierfür ist natürlich, das Programm selbst auszuführen und die entsprechenden Ergebnisse ausgeben zu lassen. Wir machen das, nachdem wir in die Schleifenbedingung den logischen Fehler einbauen, dass die Schleife so lange weiterläuft, wie „i <= 3" ist:

```
for (int i = 0; i <= 3; i++) {
    ...
```

Wenn wir im Programm drei Mal die Zahl 3 eingaben, stellen wir schon bei der nächsten Anweisung, die 4. Zahl einzugeben, fest, dass hier etwas nicht ganz richtig laufen kann. Zum anderen bemerken wir, dass der hieraus errechnete Durchschnitt ebenfalls nicht stimmt.

Wir korrigieren den Fehler, indem wir die Schleifenbedingung wieder mit „i < 3" programmieren.

Ein weiterer Ansatz ist das Debugging. Die Klasse „Debug" bietet hierfür einen eigenen „WriteLine"-Befehl an, mit dem Ausgaben im Debug-Fenster angezeigt werden können. Um diesen Befehl zu nutzen, ist folgende Importanweisung erforderlich:

```
using System.Diagnostics;
```

Wir entwickeln ein neues Beispiel, in dem wir ein Array aus Ganzzahlen durchlaufen:

```
int[] zahlen = { 1, 2, 3, 4, 5 };
int summe = 0;
for (int i = 0; i < zahlen.Length; i++) {
```

Innerhalb der For-Schleife verwenden wir den WriteLine-Befehl aus der Klasse „Debug":

```
    Debug.WriteLine("Zahl: " + zahlen[i]);
```

```
}
```

Wir bauen in die Schleife einen „Flüchtigkeitsfehler" ein, indem wir die Summe so berechnen, dass wir bei jedem Schleifendurchlauf nicht die Zahl aus dem Array hinzuaddieren, sondern die Variable „i":

```
for (int i = 0; i < zahlen.Length; i++) {
    Debug.WriteLine("Zahl: " + zahlen[i]);
    summe += i;
    Debug.WriteLine("Summe: " + summe);
}
```

Nach dem Programmstart können wir auch hier feststellen, dass sich die Summe jedes Mal falsch errechnet und diesen Fehler entsprechend korrigieren.

In manchen Fällen macht es auch Sinn, das Programm in Einzelschritten zu durchlaufen. In Visual Studio ist das mit der Taste „F11" möglich. Dabei können wir die Wertentwicklung von Variablen in einem eigenen Fenster links unten in der Entwicklungsumgebung beobachten.

Alternativ können wir für unser Programm auch an kritischen Stellen Haltepunkte festlegen, um zu beobachten, welche Ergebnisse der Programmablauf bis zu diesen Haltepunkten liefert. Dazu setzen wir mit Rechtsklick in die Codezeile zur Ausgabe der Summe einen Haltepunkt. Wenn wir das Programm starten, wird die Ausführung nach jedem Programmstart am Haltepunkt unterbrochen, sodass wir sehen können, ob sich bis dahin bestimmte Fehler eingeschlichen haben. Den Haltepunkt können wir auf die gleiche Weise wie wir ihn festgelegt haben, wieder entfernen.

8 Grafische Benutzeroberflächen

In diesem Abschnitt werden wir grafische Benutzeroberflächen erstellen. Hierfür nutzen wir das Grafik-Framework WPF (Kurzform für Windows Presentation Foundation).

Die Programmierung grafischer Benutzeroberflächen ist ein sehr umfangreiches Gebiet und es gibt eine Vielzahl von Möglichkeiten, Fenster und Steuerelemente zu erzeugen. Um den Rahmen nicht zu sprengen, werden wir in den nachfolgenden Lektionen die – aus meiner Sicht grundlegendsten – Elemente und Design-Konzepte, die C# und die Entwicklungsumgebung Visual Studio bieten, nutzen. Auch wenn die Entwicklung grafischer Benutzeroberflächen umfangreich und spannend genug wäre, ein eigenes Buch zu füllen, können die Grundlagen hierzu auch prägnant genug erklärt werden, um in dieses Tutorial „zu passen".

Bei der Programmierung grafischer Benutzeroberflächen mit WPF kommt neben C#-Code die Auszeichnungssprache XAML zum Einsatz, die auf XML basiert und deshalb stark an Code zur Erstellung von Webseiten erinnert.

Für grafische Benutzeroberflächen erstellen wir ein neues Projekt als WPF-Anwendung:

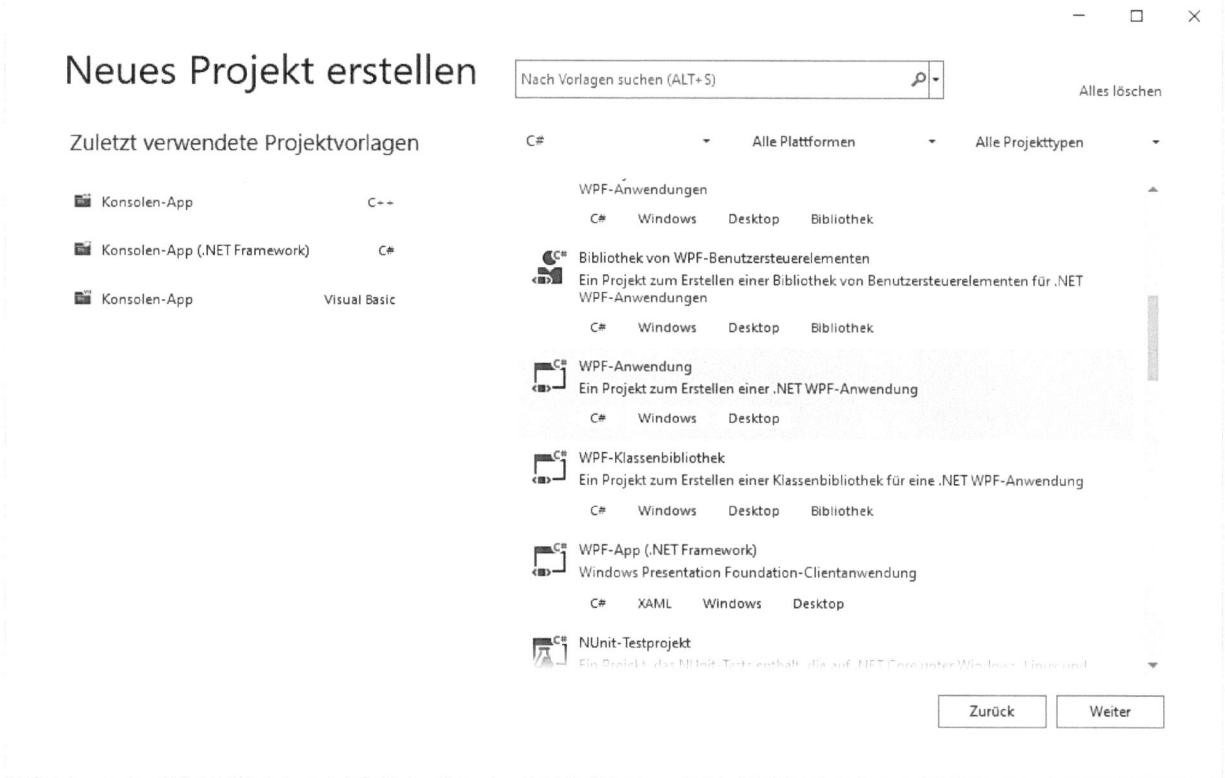

Als Projektnamen bestimmen wir WPF_Tutorial. Nachdem das Projekt angelegt wurde, erhalten wir u. a. eine MainWindow.xaml- und eine MainWindow.xaml.cs-Datei. Die Datei mit der Endung „.xaml" enthält den Code zur Gestaltung des Fensters und seiner Steuerelemente:

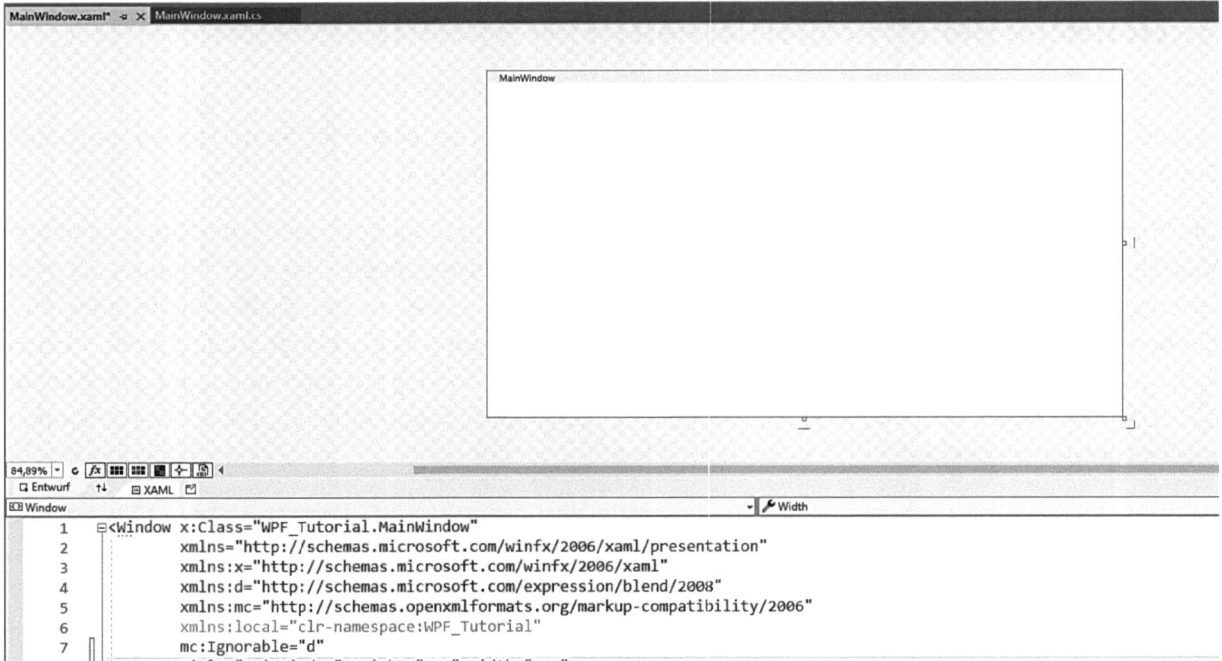

```
MainWindow.xaml*  ⌐ ×  MainWindow.xaml.cs
     1  ⊟<Window x:Class="WPF_Tutorial.MainWindow"
     2         xmlns="http://schemas.microsoft.com/winfx/2006/xaml/presentation"
     3         xmlns:x="http://schemas.microsoft.com/winfx/2006/xaml"
     4         xmlns:d="http://schemas.microsoft.com/expression/blend/2008"
     5         xmlns:mc="http://schemas.openxmlformats.org/markup-compatibility/2006"
     6         xmlns:local="clr-namespace:WPF_Tutorial"
     7         mc:Ignorable="d"
```

Die Datei mit der Endung „.cs" enthält den Code zur Programmlogik:

```
MainWindow.xaml*        MainWindow.xaml.cs  ⌐ ×
WPF_Tutorial                                              WPF_Tutorial.MainWindow                                MainWindow()
     1  ⊟using System;
     2   using System.Collections.Generic;
     3   using System.Linq;
     4   using System.Text;
     5   using System.Threading.Tasks;
     6   using System.Windows;
     7   using System.Windows.Controls;
     8   using System.Windows.Data;
     9   using System.Windows.Documents;
    10   using System.Windows.Input;
    11   using System.Windows.Media;
    12   using System.Windows.Media.Imaging;
    13   using System.Windows.Navigation;
    14   using System.Windows.Shapes;
    15
    16  ⊟namespace WPF_Tutorial
    17   {
    18  ⊟    /// <summary>
    19       /// Interaction logic for MainWindow.xaml
    20       /// </summary>
           2 Verweise
    21  ⊟    public partial class MainWindow : Window
    22       {
               0 Verweise
    23  ⊟        public MainWindow()
    24           {
    25               InitializeComponent();
    26           }
    27
    28       }
    29   }
    30
```

110 %   ⊘ Keine Probleme gefunden

8.1 Erstes Fenster

Das Fenster und die Steuerelemente können im Eigenschaften-Fenster rechts unten in der Entwicklungsumgebung, mit XAML-Code oder C#-Code gestaltet werden. Es ist zwar möglich, die Gestaltung des Fensters und der Steuerelemente mit C#-Code zu realisieren, einfacher ist es mit XAML-Code und für die Entwicklung geeigneter, weil die Auswirkungen des Codes gleich in der Entwicklungsumgebung sichtbar sind, ohne dass hierfür die Anwendung gestartet werden muss.

Fenster und Steuerelemente verfügen über Eigenschaften, Methoden und Ereignisse. Die für die Window-Klasse wichtigsten Eigenschaften, Methoden und Ereignisse nutzen wir in den folgenden Codebeispielen.

Eigenschaften:

Eigenschaften programmieren wir am besten in XAML-Code, weil dieser sich für die Gestaltung der grafischen Benutzeroberfläche am besten eignet. Im XAML-Code des Fensters sind drei Eigenschaften vorprogrammiert, nämlich in der untersten Zeile der Titel des Fensters, die Höhe (Height) und die Breite (Width). Die obersten Zeilen Code können wir unbeachtet lassen:

```
<Window x:Class="WPF_Tutorial.MainWindow"
        xmlns="http://schemas.microsoft.com/winfx/2006/xaml/presentation"
        xmlns:x="http://schemas.microsoft.com/winfx/2006/xaml"
        xmlns:d="http://schemas.microsoft.com/expression/blend/2008"
        xmlns:mc="http://schemas.openxmlformats.org/markup-compatibility/2006"
        xmlns:local="clr-namespace:WPF_Tutorial"
        mc:Ignorable="d"
        Title="MainWindow" Height="450" Width="800">
    <Grid>

    </Grid>
</Window>
```

Die Hintergrundfarbe des Fensters bestimmen wir mit der Eigenschaft „Background":

```
Title="MainWindow" Height="450" Width="800"
Background="AntiqueWhite"
```

Wenn wir unser Fenster beim Programmstart im Bildschirm zentrieren wollen, legen wir das mit der Eigenschaft „WindowStartupLocation=CenterScreen" fest:

```
WindowStartupLocation="CenterScreen"
```

Für unser Fenster können wir eine Mindesthöhe und eine Mindestbreite festlegen:

```
MinHeight="200"

MinWidth="300"
```

Wenn wir unser Fenster in der Größe unveränderbar machen wollen, bestimmen wir in der Eigenschaft „ResizeMode" die Option „NoResize":

```
ResizeMode="NoResize"

>
```

Zum Vergleich der C#-Code, wenn wir alle Eigenschaften dort festlegen wollen (der Methodenaufruf „InitializeComponent()") wird dann nicht benötigt:

```
public MainWindow() {
      this.Title = "MainWindow";
      this.Height = 450;
      this.Width = 800;
      this.Background = Brushes.AntiqueWhite;
      this.WindowStartupLocation = WindowStartupLocation.CenterScreen;
      this.MinHeight = 200;
      this.MinWidth = 300;
      this.ResizeMode = ResizeMode.NoResize;
}
```

Methoden:

Methoden werden in C#-Code programmiert. Mit dem Schlüsselwort „this" sprechen wir das Fenster an. Beispielsweise können wir im Rahmen der Implementierung eines Buttons folgende Methodenaufrufe nutzen.

Mit der „Activate()"-Methode bringen wir unser Fenster in den Vordergrund und aktivieren es:

```
this.Activate();
```

Unser Fenster schließen wir mit der „Close()"-Methode:

```
this.Close();
```

Mit der „Hide()"-Methode wird das Fenster unsichtbar. Es verschwindet damit, das Programm wird dadurch aber nicht beendet:

```
this.Hide();
```

Ereignisse:

Ereignisse werden in C#-Code programmiert, sind aber in XAML zusätzlich „notiert". Ereignis-Methoden erstellen wir am einfachsten in Visual Studio im Ereignishandler durch Doppelklick in das Textfeld neben das entsprechende Ereignis, wie zum Beispiel beim „Initialized"-Ereignis:

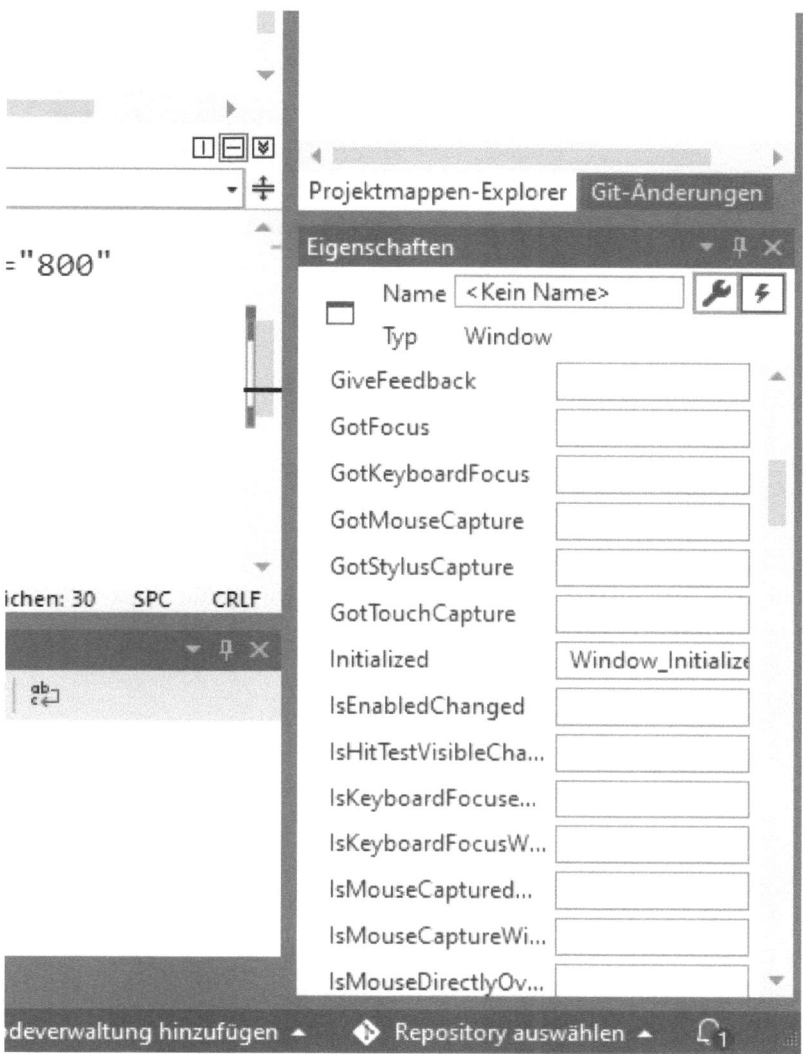

Im XAML-Code wird das Ereignis mit der entsprechenden Methode automatisch genannt:

```
Initialized="Window_Initialized"
>
```

Die Ereignisse werden in Methoden in der „..cs"-Datei behandelt. Die (hier auch automatisch erstellte) Window_Initialized-Methode behandelt das, was kurz vor dem Öffnen des Fensters geschehen soll:

```
private void Window_Initialized(object sender, EventArgs e) { }
```

Das Activated-Ereignis greift direkt nach dem Öffnen des Fensters. Die automatisch erstellte Methode sieht wie folgt aus:

```
private void Window_Activated(object sender, EventArgs e) { }
```

Das Closing-Ereignis greift beim Schließen des Fensters, genauer nachdem der Befehl zum Schließen gegeben wurde (z. B. Klick auf das Kreuz rechts oben im Fenster), aber kurz bevor das Fenster geschlossen wurde:

```
private void Window_Closing(object sender,
                        System.ComponentModel.CancelEventArgs e) { }
```

Das Closed-Ereignis behandelt den Fall, dass das Fenster gerade geschlossen wurde:

```
private void Window_Closed(object sender, EventArgs e) { }
```

8.2 Label

Das Einsetzen von Steuerelementen in das Fenster ist mit der Maus oder auch direkt im Code möglich. Praktisch dabei ist es, wenn wir die Toolbox nutzen. Die Toolbox öffnen wir durch Klick auf den entsprechenden Reiter links in der Entwicklungsumgebung:

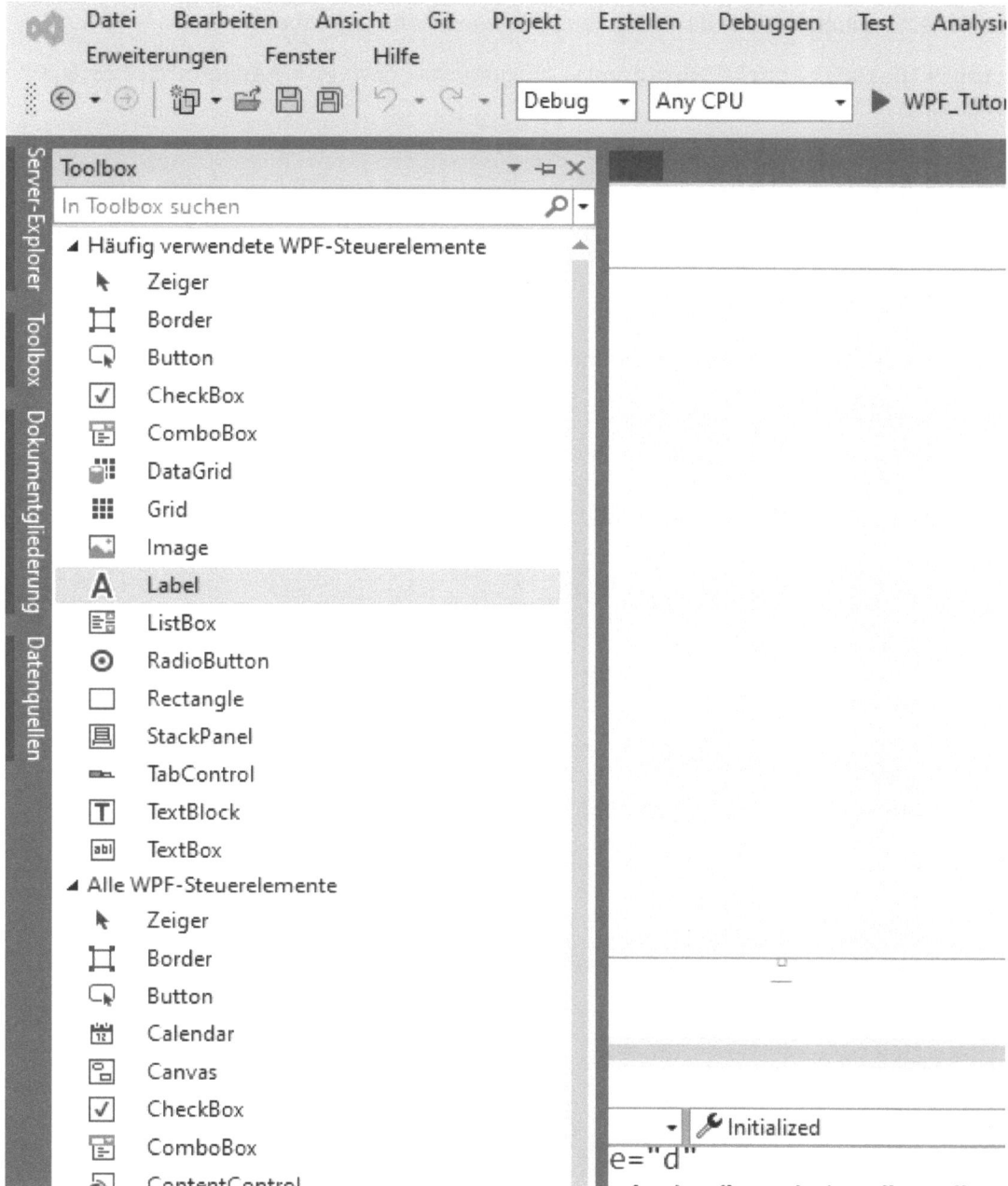

Eigenschaften:

Ein Label fügen wir in unser Fenster in, indem wir dieses mit gedrückter Maustaste in das Fenster ziehen. Der XAML-Code sollte im „Grid"-Block stehen. Dabei werden folgende Eigenschaften automatisch erzeugt:

```
<Grid>

    <Label Content="Label" HorizontalAlignment="Left" Margin="305,205,0,0"
    VerticalAlignment="Top"/>

</Grid>
```

Wir passen die Voreinstellungen an und bestimmen Breite und Höhe des Labels:

```
<Label Content="Beispieltext" HorizontalAlignment="Center" Margin="0,128,0,0"
VerticalAlignment="Top"

      Height="40"

      Width="150"

      />
```

Die Hintergrundfarbe des Labels bestimmen wir mit der „Background"-Eigenschaft:

```
Background="AliceBlue"
```

Mit den Eigenschaften „FontSize", „FontStyle" und „FontFamily" legen wir Schriftgröße, Schriftstil und Schriftart fest:

```
FontSize="14"

FontStyle="Italic"

FontFamily="Consolas"
```

Die Schriftfarbe bestimmen wir mit der Eigenschaft „Foreground":

```
Foreground="Brown"
```

Wenn wir einen Namen für das Steuerelement festlegen, können wir dieses im C#-Code

```
Name="lblText"
```

Ereignisse:

Für das Label steht ein Ereignis zur Verfügung, das greift, wenn der Mauszeiger in das Label bewegt wird. Wir bestimmen, dass in diesem Fall der Text-Inhalt geändert wird:

```
private void lblText_MouseEnter(object sender, MouseEventArgs e) {
      lblText.Content = "Maus im Label";
}
```

Dem steht das gegenteilige Ereignis gegenüber, das greift, wenn der Mauszeiger wieder aus dem Label bewegt wird. Wir bestimmen, dass der Text-Inhalt wieder der ursprüngliche sein soll:

```
private void lblText_MouseLeave(object sender, MouseEventArgs e) {
      lblText.Content = "Beispieltext";
}
```

Ergebnis (ohne Mauszeiger im Label):

8.3 Button

<u>Eigenschaften:</u>

Buttons sind Steuerelemente, die dazu gedacht sind, Prozesse in Gang zu setzen, wenn auf diese geklickt wird. Wir fügen einen Button in unser Fenster ein. Für unseren Button legen wir neben den Standardwerten die Hintergrundfarbe, Schriftart und -größe und einen Objektnamen fest:

```
...
<Button Content="Klick mich" HorizontalAlignment="Left"
Margin="148,127,0,0" VerticalAlignment="Top" Height="40" Width="140"

Background="LightGreen"

FontFamily="Arial"

FontSize="14"

Name="btnKlickMich"

/>
</Grid>
```

<u>Ereignisse:</u>

Für den Button das wichtigste Ereignis ist das „Click"-Ereignis. Wir bestimmen, dass der Text-Inhalt des Label nach dem Klick auf den Button geändert wird:

```
private void btnKlickMich_Click(object sender, RoutedEventArgs e) {
```

```
        lblText.Content = "Button geklickt";
}
```

Ergebnis:

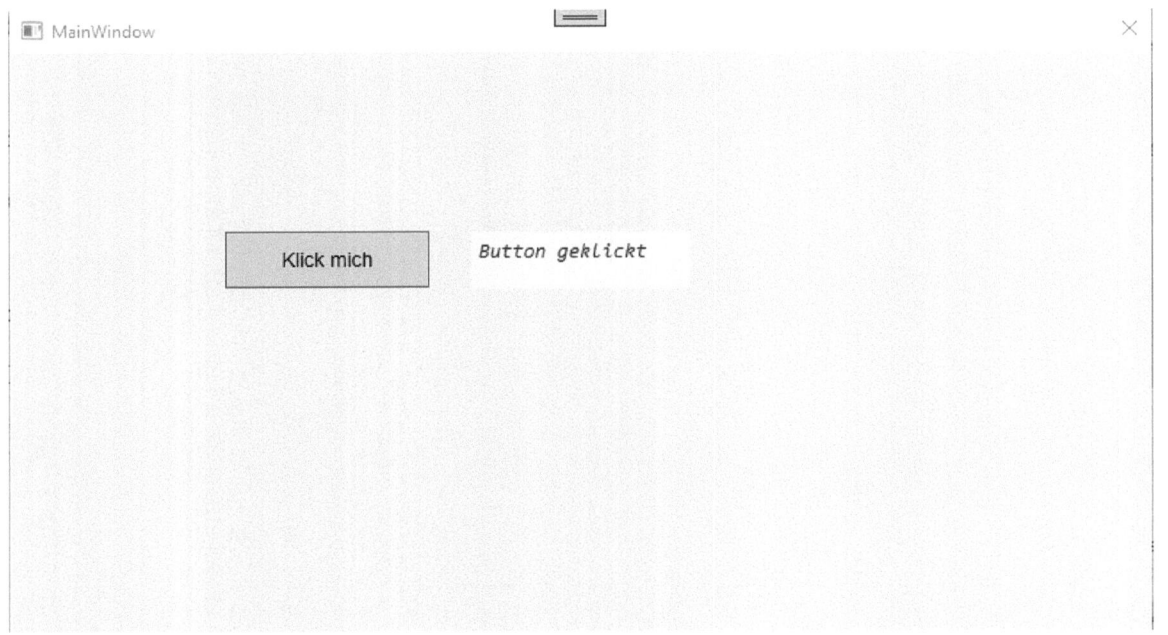

8.4 TextBox

Textboxen sind Steuerelemente, die häufig dafür verwendet werden, Daten einzugeben, beispielsweise Personalien oder Adressdaten, Telefonnummern, usw.

Eigenschaften:

Wir fügen eine TextBox in unser Fenster ein und legen neben den Standardeigenschaften die Hintergrundfarbe, mit den Eigenschaften „TextAlignment" und „VerticalContentAlignment" die Textausrichtung rechts und mittig fest. Unsere TextBox erhält einen Namen, um diese im Code anzusprechen und enthält keinen Text (die Eigenschaft „Text" löschen wir):

```
<TextBox HorizontalAlignment="Center" Margin="0,61,0,0" TextWrapping="Wrap"
VerticalAlignment="Top" Width="150" Height="40"
     Background="WhiteSmoke"
     TextAlignment="Right"
     VerticalContentAlignment="Center"
     Name="txtEingabe"
/>
```

Ein kleines Anwendungsbeispiel programmieren wir mit der Eigenschaft „Text". Unser Label soll den in der TextBox enthaltenen Text übernehmen, wenn auf den Button geklickt wird:

```
private void btnKlickMich_Click(object sender, RoutedEventArgs e) {
    lblText.Content = txtEingabe.Text;
}
```

Methoden:

Die „Clear"-Methode löscht den Inhalt der TextBox. Wir wenden diese Methode im Rahmen des Klick-Ereignisses für den Button an:

```
private void btnKlickMich_Click(object sender, RoutedEventArgs e) {
    txtEingabe.Clear();
}
```

Ereignisse:

Das „TextChanged"-Ereignis greift dann, wenn der Inhalt der TextBox geändert wird. Wir programmieren eine Anwendung, in der unser Label den Text der TextBox übernimmt, sobald dieser geändert (also erweitert oder reduziert) wird:

```
private void txtEingabe_TextChanged(object sender, TextChangedEventArgs e) {
    lblText.Content = txtEingabe.Text;
}
```

Ergebnis:

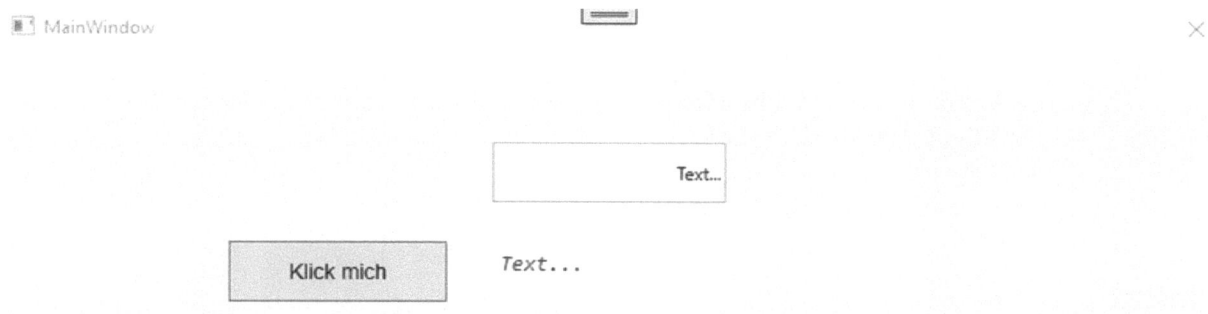

8.5 CheckBox

Checkboxen sind Steuerelemente, die aktiviert oder deaktiviert werden können. Dabei steht ein Häkchen für den Status „Aktiviert" und das fehlende Häkchen für den Status „Deaktiviert".

Eigenschaften:

Wir fügen eine CheckBox in unser Fenster ein und bestimmen hierfür folgende Eigenschaften:

```
<CheckBox Content="Grossgeschrieben" HorizontalAlignment="Left"
Margin="516,140,0,0" VerticalAlignment="Top" Height="25" Width="140"
    FontFamily="Arial"
    Name="chbGrossSchreiben"
/>
```

Ereignisse:

Das wichtigste Ereignis für die ChechBox ist das „Checked"-Ereignis, das greift, wenn die CheckBox aktiviert wurde. Das Gegenstück dazu ist das „Unchecked"-Ereignis, das im gegenteiligen Fall greift. Wir nutzen beide Ereignisse und bestimmen, dass der Inhalt im Label im ersteren Fall großgeschrieben und im letzteren Fall kleingeschrieben wird:

```
public partial class MainWindow : Window {
    string text;
    ...
    private void chbGrossSchreiben_Checked(object sender, RoutedEventArgs
e) {      text = (string)lblText.Content;
        lblText.Content = text.ToUpper();
    }
    private void chbGrossSchreiben_Unchecked(object sender, RoutedEventArgs
e) {      lblText.Content = text;
    }
}
```

Ergebnis:

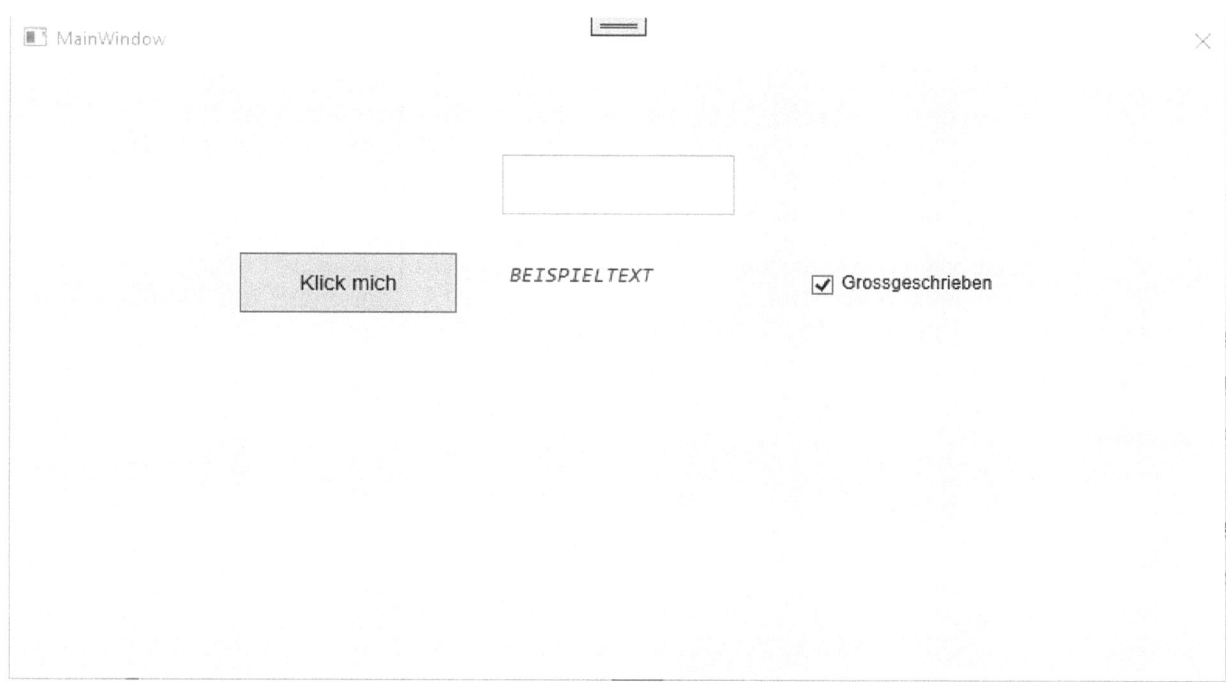

8.6 RadioButton

RadioButtons sind Steuerelemente, die eine Auswahl zwischen mehreren Optionen ermöglichen. Wir programmieren eine Beispielanwendung, in dem wir RadioButtons für einen Brutto-Netto-Rechner nutzen werden. Hierfür benötigen wir drei Label-, zwei TextBox- und ein Button-Steuerelement mit folgendem XAML-Code:

```
<Window x:Class="WPF_Tutorial.MainWindow"

    ...

    Title="MainWindow" Height="450" Width="680"

    Background="LightGray"

    >

<Grid>
        <Label Content="Netto-Betrag" HorizontalAlignment="Left"
            Margin="100,100,0,0"    VerticalAlignment="Top"
            FontSize="14" FontWeight="Bold" Width="120"/>

        <Label Content="Mehrwert-St." HorizontalAlignment="Left"
            Margin="280,100,0,0"    VerticalAlignment="Top"
            FontSize="14" FontWeight="Bold" Width="120"/>

        <Label Content="Brutto-Betrag" HorizontalAlignment="Left"
            Margin="460,100,0,0"    VerticalAlignment="Top"
            FontSize="14" FontWeight="Bold" Width="120"/>

        <TextBox HorizontalAlignment="Left" Margin="100,150,0,0"
            TextWrapping="Wrap" VerticalAlignment="Top" Width="120"
```

```
                Height="30" VerticalContentAlignment="Center"
                Name="txtNetto"/>

        <TextBox HorizontalAlignment="Left" Margin="460,150,0,0"
                TextWrapping="Wrap"     VerticalAlignment="Top" Width="120"
                Height="30" VerticalContentAlignment="Center"
                Name="txtBrutto"/>

        <Button Content="Berechnen" HorizontalAlignment="Left"
                Margin="100,260,0,0"    VerticalAlignment="Top" Width="120"
                Height="30" FontSize="14"       FontWeight="Bold"/>

    </Grid>
</Window>
```

Ergebnis:

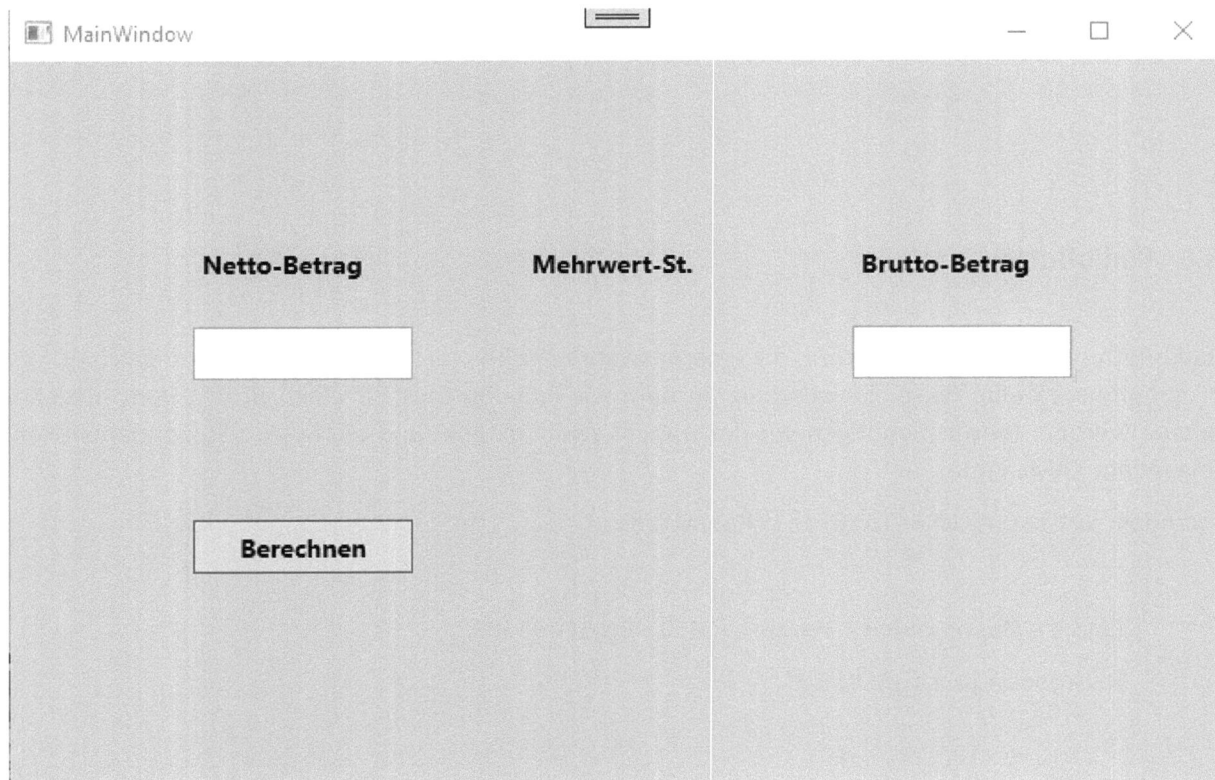

Wir fügen in unser Fenster eine Gruppe aus drei RadioButtons für den Mehrwertsteuersatz, bzw. die Option „keine Mehrwertsteuer" und eine Gruppe aus zwei RadioButtons für die Ausgabe des Ergebnisses auf zwei Nachkommastellen gerundet ein. Damit die RadioButtons gruppiert werden können, verwenden wir die Eigenschaft „GroupName". Würden die RadioButtons nicht gruppiert sein, könnte nur einer der insgesamt fünf RadioButtons aktiviert werden. Damit wäre entweder nichts über den Mehrwertsteuersatz oder nichts über die Ausgabe des Bruttobetrages gerundet oder nicht gerundet ausgesagt. Außerdem verwenden wir die Eigenschaft „IsChecked", die bewirkt, dass zwei RadioButtons ausgewählt sind, wenn das Fenster geöffnet wird:

. . .

```
<RadioButton Content="Keine" HorizontalAlignment="Center"
        Margin="0,150,0,0"VerticalAlignment="Top" Height="15" Width="120"
        FontWeight="Bold" GroupName="MWSt" IsChecked="True"
        Name="optKeineMWSt"/>

<RadioButton Content="7 %" HorizontalAlignment="Center"
        Margin="0,175,0,0"VerticalAlignment="Top" Height="15" Width="120"
        FontWeight="Bold" GroupName="MWSt" Name="optSiebenPrzMWSt"/>

<RadioButton Content="19 %" HorizontalAlignment="Center"
        Margin="0,200,0,0"VerticalAlignment="Top" Height="15" Width="120"
        FontWeight="Bold" GroupName="MWSt" Name="optNeunzehnPrzMWSt"/>


<Label Content="Betrag gerundet" HorizontalAlignment="Left"
        Margin="460,193,0,0" VerticalAlignment="Top" FontSize="11"
        FontWeight="Bold" Width="120"/>

<RadioButton Content="Ja" HorizontalAlignment="Left"
        Margin="460,223,0,0" VerticalAlignment="Top" Height="15"
        Width="60" FontWeight="Bold" GroupName="Gerundet"
        Name="optBetragGerundet"/>

<RadioButton Content="Nein" HorizontalAlignment="Left"
        Margin="520,223,0,0" VerticalAlignment="Top" Height="15"
        Width="60" FontWeight="Bold" GroupName="Gerundet"
        IsChecked="True" Name="optBetragNichtGerundet"/>
</Grid>
```

Ergebnis:

Die Berechnung des Brutto-Betrags und die Ausgabe in der entsprechenden TextBox programmieren wir im Rahmen des „Click"-Ereignisses des Buttons. Für den Fall, dass keine oder eine falsche Eingabe in die TextBox erfolgt, wird eine Nachricht in einer MessageBox erscheinen:

```
private void Button_Click(object sender, RoutedEventArgs e) {
    double betragNetto = 0, betragBrutto = 0;
    try {
        betragNetto = Double.Parse(txtNetto.Text);
        if (optKeineMWSt.IsChecked == true) {
            betragBrutto = betragNetto;
        } else if (optSiebenPrzMWSt.IsChecked == true) {
            betragBrutto = betragNetto + betragNetto * 0.07;
        } else if (optNeunzehnPrzMWSt.IsChecked == true) {
            betragBrutto = betragNetto + betragNetto * 0.19;
        }

        if (optBetragGerundet.IsChecked == true) {
            txtBrutto.Text = Math.Round(betragBrutto, 2).ToString();
        } else {
            txtBrutto.Text = betragBrutto.ToString();
        }
    } catch {
        MessageBox.Show("Bitte Eingabe überprüfen", "Eingabe fehlerhaft",
            MessageBoxButton.OK, MessageBoxImage.Error);
    }
}
```

Ergebnis:

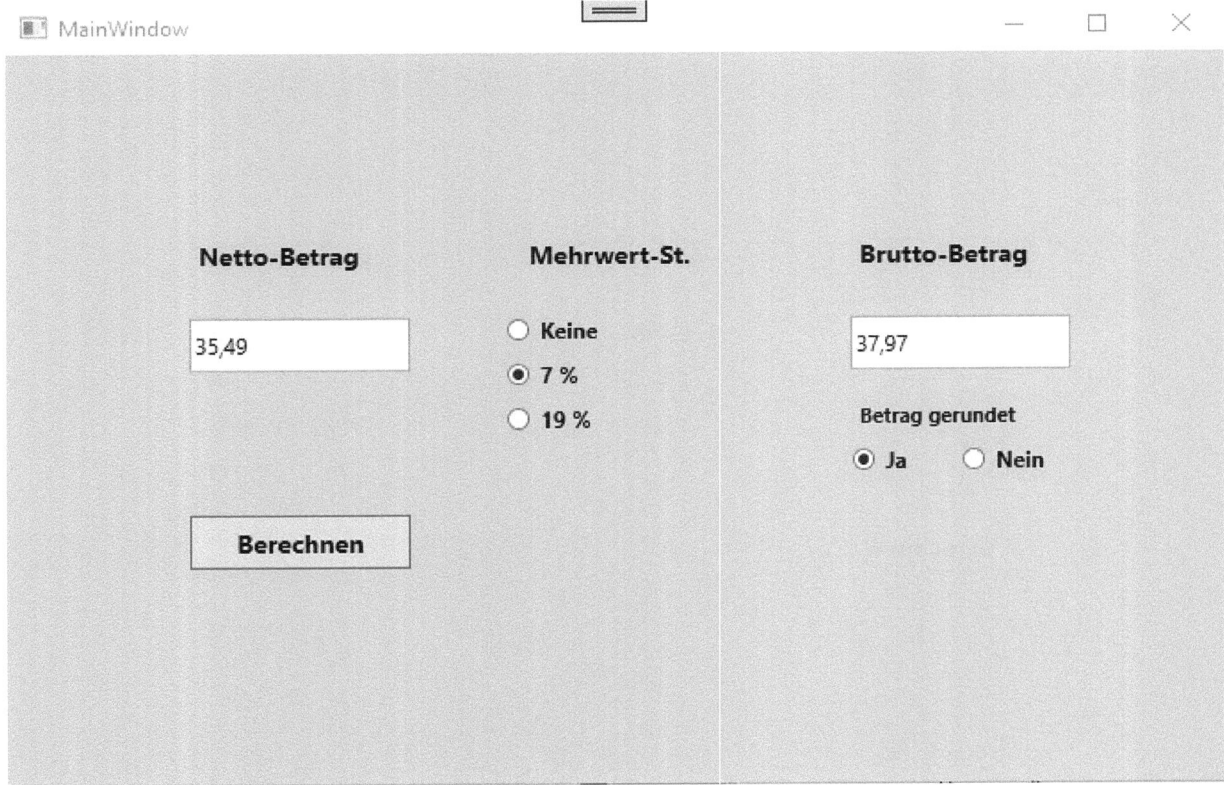

8.7 Layout

WPF bietet verschiedene Möglichkeiten an, Layouts zu gestalten. In den folgenden Beispielen nutzen und vergleichen wir die wichtigsten Panels, in die wir mehrere Label-Steuerelemente einsetzen.

Dafür nutzen wir ein Fenster, das mit folgendem XAML-Code programmiert wird:

```
<Window x:Class="WPF_Tutorial.MainWindow"

    …

    Title="MainWindow" Height="300" Width="500"

    Background="LightGray"

>
```

Das Canvas ist ein relativ einfaches Panel, in dem die Steuerelemente an einer angegebenen Position angezeigt werden. Wir programmieren ein Beispiel, in dem wir vier Label-Objekte in ein Canvas setzen. Die Position bestimmen wir mit Angaben über die Abstände vom Rand des Canvas (Top, Bottom, Left und Right):

```
<Canvas>
    <Label Content="Label 1" Canvas.Left="150" Canvas.Top="100" />
    <Label Content="Label 2" Canvas.Left="300" Canvas.Top="100" />
    <Label Content="Label 3" Canvas.Left="150" Canvas.Top="200" />
    <Label Content="Label 4" Canvas.Right="200" Canvas.Top="200" />
</Canvas>
```

Ergebnis:

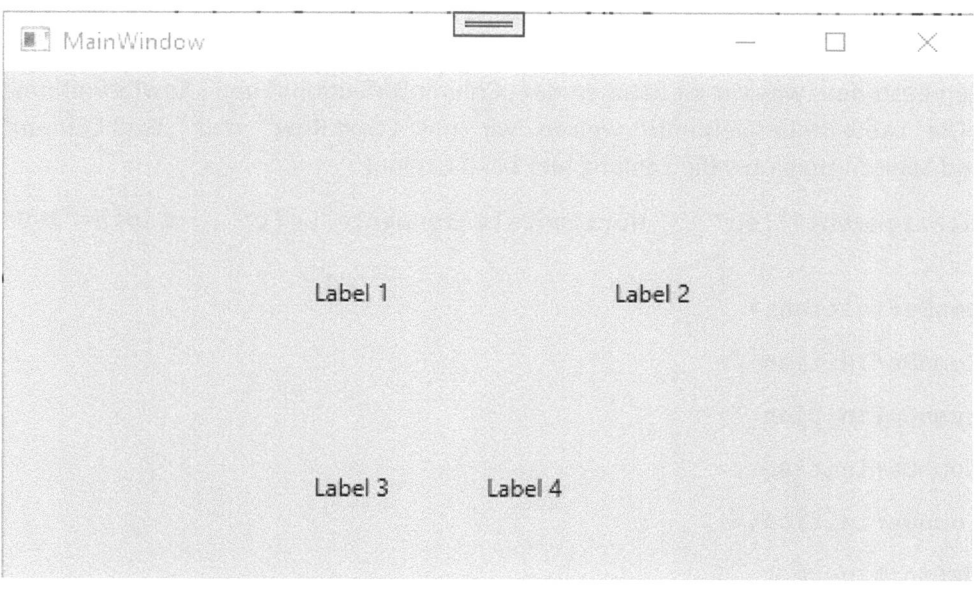

Im DockPanel können Steuerelemente an den Rändern und in der Mitte des Panels „angedockt" werden. Für unser Beispiel verwenden wir fünf Label-Objekte:

```
<DockPanel>
        <Label Content="Label 1" Width="50" DockPanel.Dock="Top"/>
        <Label Content="Label 2" Width="50" DockPanel.Dock="Top"/>
        <Label Content="Label 3" Width="50" DockPanel.Dock="Right"/>
        <Label Content="Label 4" Width="50" DockPanel.Dock="Right"/>
        <Label Content="Label 5" Width="50" DockPanel.Dock="Right"/>
</DockPanel>
```

Ergebnis:

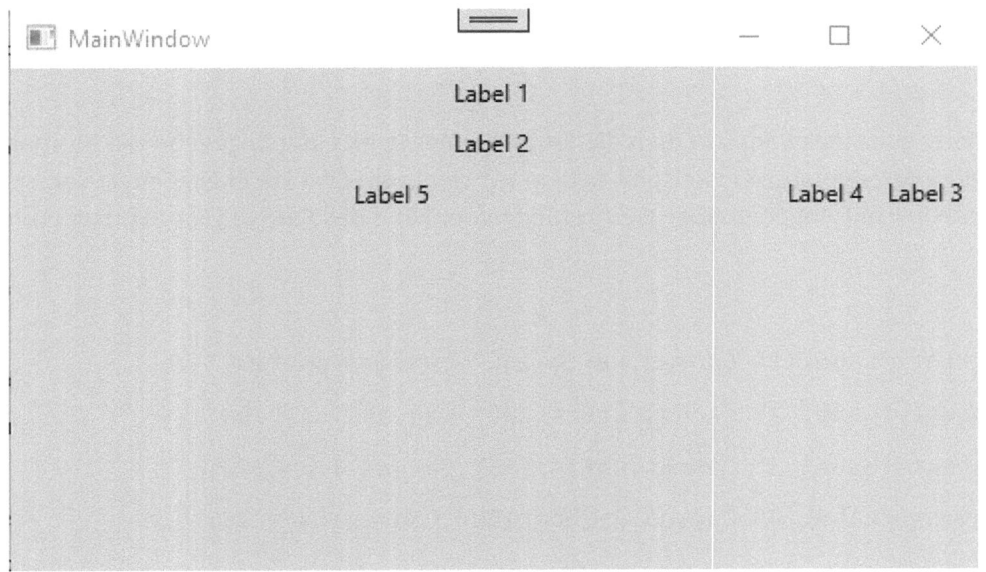

Das Grid unterteilt die Oberfläche in Zeilen und Spalten. Wir programmieren ein Grid mit einer festgelegten Breite und Höhe von der oberen linken Ecke des Bildschirms aus. Dieses wird aus zwei Zeilen und drei Spalten bestehen, was wir im Rahmen der „ColumnDefinitions" und „RowDefinitions" festlegen werden. Die Label-Steuerelemente weisen wir mit „Grid.Row" und „Grid.Column" bestimmten Zeilen und Spalten zu, wobei die Zählung hier bei 0 beginnt:

```
<Grid       VerticalAlignment="Top"      HorizontalAlignment="Left"      Width="200"
Height="200">
        <Grid.ColumnDefinitions>
                <ColumnDefinition />
                <ColumnDefinition />
                <ColumnDefinition />
        </Grid.ColumnDefinitions>
        <Grid.RowDefinitions>
```

```
        <RowDefinition />

        <RowDefinition />

    </Grid.RowDefinitions>


    <Label Content="Label 1" Grid.Row="0" Grid.Column="0"/>

    <Label Content="Label 2" Grid.Row="1" Grid.Column="1"/>

    <Label Content="Label 3" Grid.Row="1" Grid.Column="2"/>

</Grid>
```

Ergebnis:

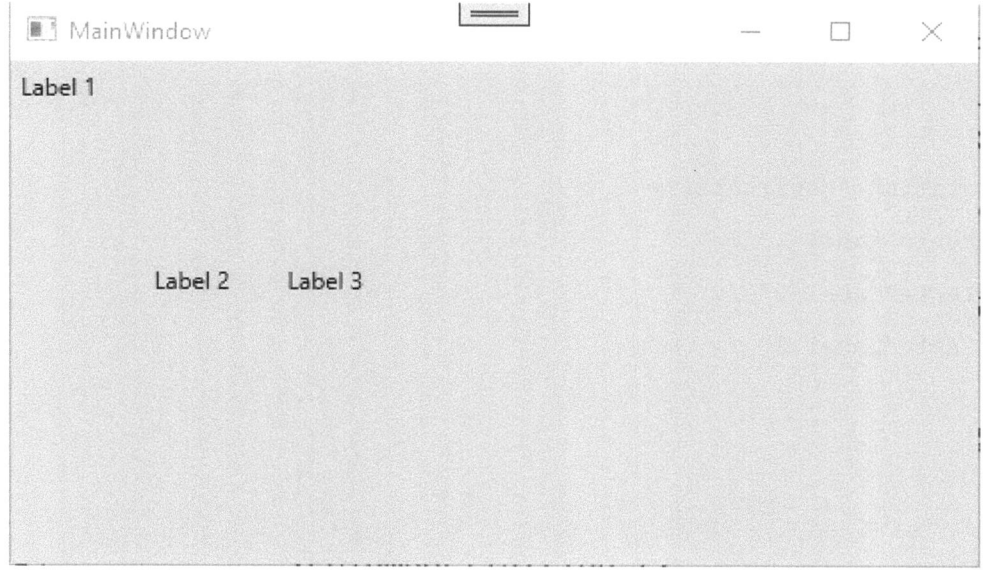

Im StackPanel werden die Steuerelemente vertikal oder horizontal gestapelt:

```
<StackPanel Orientation="Vertical">

    <Label Content="Label 1" />

    <Label Content="Label 2" />

    <Label Content="Label 3" />

</StackPanel>
```

Ergebnis:

```
<StackPanel Orientation="Horizontal">

    <Label Content="Label 1" />

    <Label Content="Label 2" />

    <Label Content="Label 3" />
</StackPanel>
```

Ergebnis:

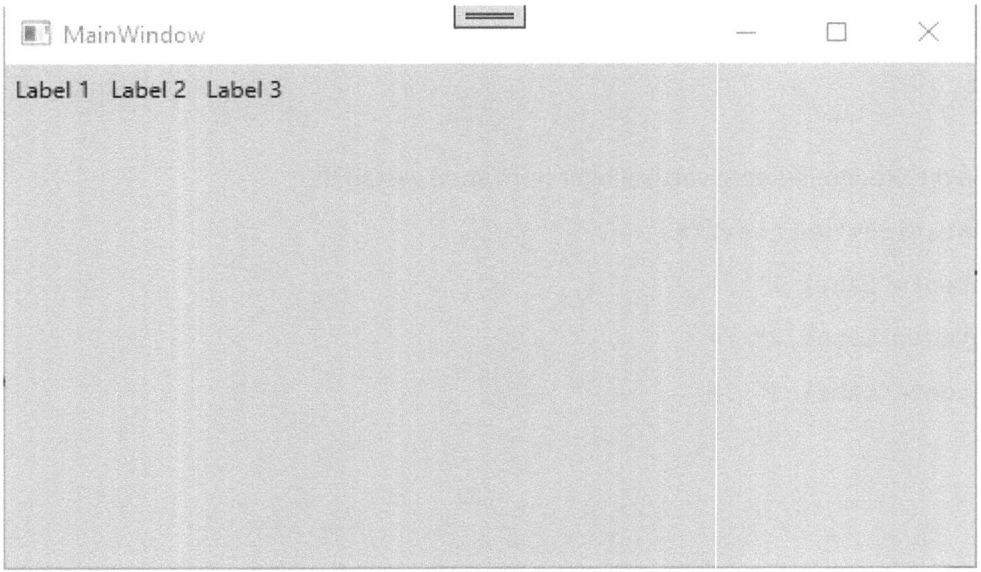

Sehr praktisch ist das UniformGrid, wenn wir Steuerelemente in ein Raster aus gleich großen Zellen anordnen wollen. Ein Beispiel mit 4 Labeln:

```
<UniformGrid>

    <Label Content="Label"/>
```

```
        <Label Content="Label"/>

        <Label Content="Label"/>

        <Label Content="Label"/>
</UniformGrid>
```

Ergebnis:

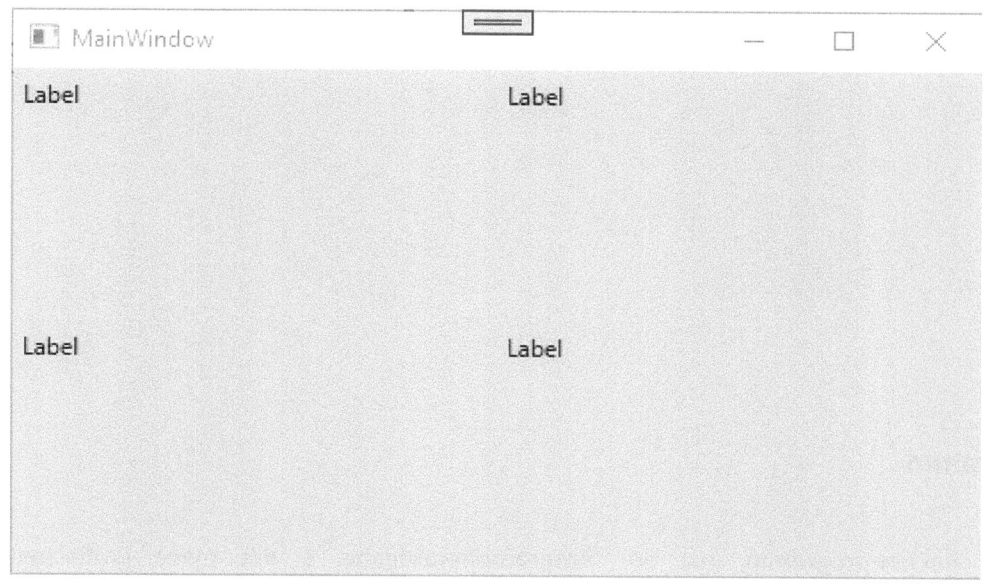

Ein Beispiel mit 9 Labeln:

```
<UniformGrid>

        <Label Content="Label"/>

        <Label Content="Label"/>

        <Label Content="Label"/>

        <Label Content="Label"/>

        <Label Content="Label"/>

        <Label Content="Label"/>

        <Label Content="Label"/>

        <Label Content="Label"/>

        <Label Content="Label"/>
</UniformGrid>
```

Ergebnis:

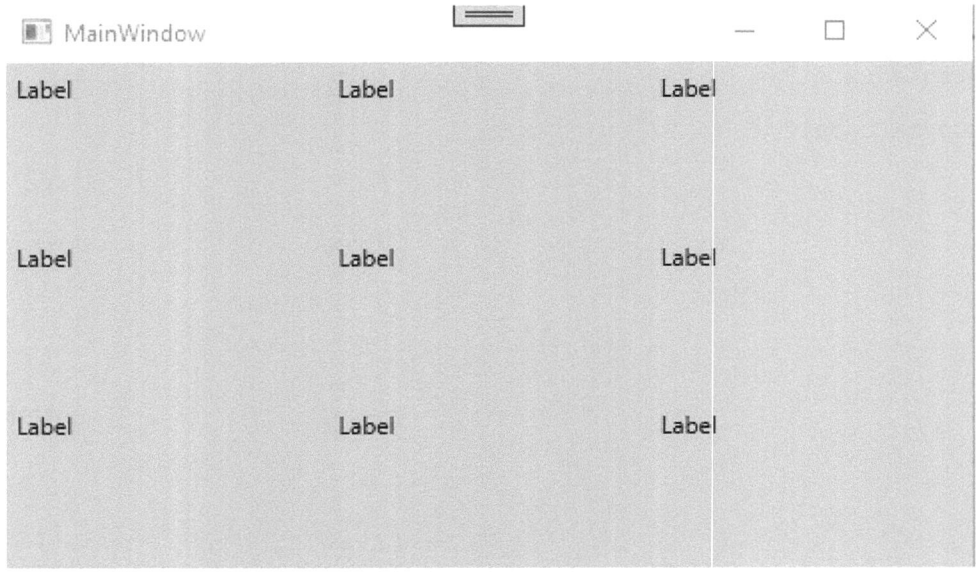

8.8 Rechenprogramm

Wir gestalten das Rechenprogramm aus der Programmieraufgabe 1 mit einer grafischen Benutzeroberfläche. Dabei verwenden wir eine Verschachtelung mehrerer StackPanel. Ein übergeordnetes StackPanel mit horizontaler Ausrichtung fasst vier StackPanel mit vertikaler Ausrichtung zusammen, die jeweils Label, TextBoxen und einen Button enthalten. Das übergeordnete StackPanel ist horizontal und vertikal zentriert. Für die darin enthaltenen StackPanel bestimmen wir mit der Eigenschaft „Margin" Abstände zu den anderen Steuerelementen. Wird dabei nur eine Zahl übergeben, gilt der Abstand in alle Richtungen, ansonsten gilt die erste Zahl für den Abstand nach links, die zweite für den Abstand nach oben, die dritte für den Abstand nach rechts und die vierte für den Abstand nach unten.

Der XAML-Code für die GUI:

```
<Window x:Class="WPF_Tutorial.MainWindow"

    …

    Title="Rechner" Height="200" Width="420"

    Background="LightGray"

    >

    <StackPanel Orientation="Horizontal" HorizontalAlignment="Center"
                VerticalAlignment="Center">

        <StackPanel Margin="10">

            <Label Content="Zahl 1" Height="22" FontWeight="Bold"
                FontSize="11"/>

            <Label Content="Zahl 2" Height="22" FontWeight="Bold"
                FontSize="11" Margin="0,10,0,0"/>
```

```
            </StackPanel>

    <StackPanel Margin="10">

        <TextBox Width="90" Height="22" Name="txtZahl1"/>

        <TextBox Width="90" Height="22" Margin="0,10,0,0"
            Name="txtZahl2"/>

        <Button Content="Berechnen" Height="22" FontWeight="Bold"
            FontSize="11" Margin="0,10,0,0" Name="btnBerechnen"/>

    </StackPanel>

    <StackPanel Margin="10">

        <Label Content="Addition" Height="22" FontWeight="Bold"
            FontSize="11"/>

        <Label Content="Subtraktion" Height="22" FontWeight="Bold"
            FontSize="11" Margin="0,10,0,0"/>

        <Label  Content="Multiplikation"  Height="22"  FontWeight="Bold"
            FontSize="11" Margin="0,10,0,0"/>

        <Label Content="Division" Height="22" FontWeight="Bold"
            FontSize="11" Margin="0,10,0,0"/>

    </StackPanel>
```

Mit der Eigenschaft „IsEnabled" bestimmen wir, dass die vier TextBoxen zur Ergebnisausgabe nicht von Hand beschrieben werden können, damit die Ergebnisse nicht manipuliert werden können:

```
    <StackPanel Margin="10">

        <TextBox Width="90" Height="22" Name="txtErgebnisAddition"
            IsEnabled="False"/>

        <TextBox Width="90" Height="22" Margin="0,10,0,0"
            Name="txtErgebnisSubtraktion" sEnabled="False"/>

        <TextBox Width="90" Height="22" Margin="0,10,0,0"
            Name="txtErgebnisMultiplikation" IsEnabled="False"/>

        <TextBox Width="90" Height="22" Margin="0,10,0,0"
            Name="txtErgebnisDivision" IsEnabled="False"/>

    </StackPanel>

    </StackPanel>

</Window>
```

Ergebnis:

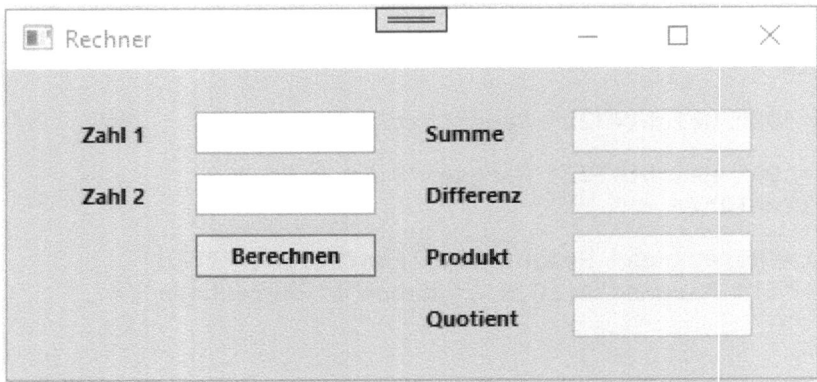

Unser Rechenprogramm bekommen wir mit folgendem C#-Code im „Click"-Ereignis des Buttons lauffähig:

```csharp
private void btnBerechnen_Click(object sender, RoutedEventArgs e) {
    double ersteZahl, zweiteZahl;
    try {
        ersteZahl = Double.Parse(txtZahl1.Text);
        zweiteZahl = Double.Parse(txtZahl2.Text);

        txtErgebnisAddition.Text = (ersteZahl + zweiteZahl).ToString();
        txtErgebnisSubtraktion.Text = (ersteZahl - zweiteZahl).ToString();
        txtErgebnisMultiplikation.Text = (ersteZahl *
                                    zweiteZahl).ToString();
        txtErgebnisDivision.Text = (ersteZahl / zweiteZahl).ToString();
    } catch {
        MessageBox.Show("Bitte Eingabe überprüfen", "Eingabe fehlerhaft",
                    MessageBoxButton.OK, MessageBoxImage.Error);
    }
}
```

Ergebnis:

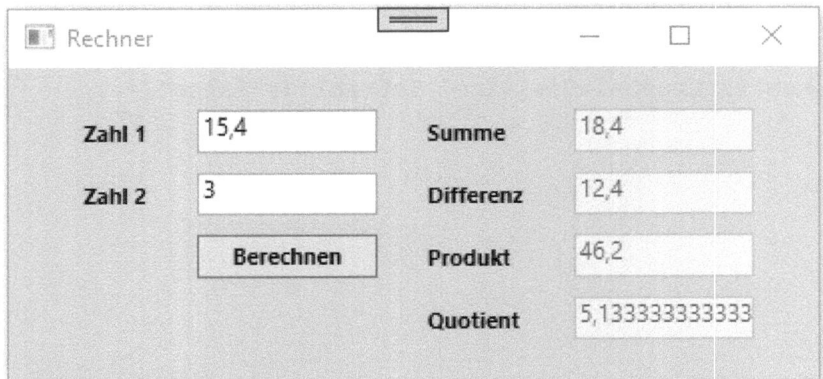

9 Stichwortverzeichnis